U1012419

数字经济背景下制造企业服务化战略转型与服务化能力构建

——理论分析与实证研究

钟 榴 著

中国财经出版传媒集团
中国财政经济出版社
·北京·

图书在版编目（CIP）数据

数字经济背景下制造企业服务化战略转型与服务化能力构建：理论分析与实证研究／钟榴著．-- 北京：中国财政经济出版社，2025．1．-- ISBN 978－7－5223－3565－0

Ⅰ．F426．4－39

中国国家版本馆 CIP 数据核字第 2024EQ1988 号

责任编辑：彭　波　　　　责任校对：张　凡

封面设计：南博文化　　　　责任印制：史大鹏

数字经济背景下制造企业服务化战略转型与服务化能力构建

——理论分析与实证研究

SHUZI JINGJI BEIJINGXIA ZHIZAO QIYE FUWUHUA

ZHANLÜE ZHUANXING YU FUWUHUA NENGLI GOUJIAN

——LILUN FENXI YU SHIZHENG YANJIU

中国财政经济出版社 出版

URL：http：//www.cfeph.cn

E－mail：cfeph@cfeph.cn

（版权所有　翻印必究）

社址：北京市海淀区阜成路甲 28 号　邮政编码：100142

营销中心电话：010－88191522

天猫网店：中国财政经济出版社旗舰店

网址：https：//zgczjjcbs.tmall.com

涿州汇美亿浓印刷有限公司印刷　各地新华书店经销

成品尺寸：170mm×240mm　16 开　10 印张　150 000 字

2025 年 1 月第 1 版　2025 年 1 月河北第 1 次印刷

定价：78.00 元

ISBN 978－7－5223－3565－0

（图书出现印装问题，本社负责调换，电话：010－88190548）

本社图书质量投诉电话：010－88190744

打击盗版举报热线：010－88191661　QQ：2242791300

前　言

当前，服务化日益促进全球经济发展，制造商之间不断提高的服务化强度是持续发展其竞争力的关键。在过去的十年中，制造商与客户传统的业务合作方式以及产品的开发、制造和交付方式发生了显著的变化。现有研究虽然指出了数字技术对制造业服务的重要性，但是目前的文献却忽略了公司如何利用数字方法来分析服务化如何嵌入产品的全生命周期中。在本书中，我们通过研究数字化如何使制造商实现服务化为当前的理论作出贡献。本书系统梳理了制造业服务化的定义及其研究脉络，综合应用服务主导逻辑、系统集成能力理论分析了制造企业实施服务化的根源，旨在开发一个从商业模式创新的角度连接服务化和信息化水平的概念模型，该模型基于三个服务化级别和三个数字化级别，为信息技术应用和制造企业服务化之间的协同在理论上提供了解释。

对于大型制造企业的服务化能力形成问题，本书以三一重工和海尔集团两家核心企业为案例，探究了作为系统集成商的核心制造企业服务化转型的动因。本书指出，核心企业打造的工业互联网平台构建了以系统集成为基础的服务化能力，系统销售商服务化能力主要来自企业内部的一体化研发，系统集成商服务化能力源于对外部网络资源的整合；核心企业服务化转型的价值链治理分析涉及交易成本和技术能力两个方面的理论解释，系统销售商治理模式将逐渐趋向俘获型，价值链中的权力不对称程度将加剧，系统集成商的治理模式将趋向模块型，价值链中的权力不对称程度将降低。

为分析中小制造企业的服务化能力构建机理，本书提出了服务化战略实施的三个业务维度，基于关系观探讨了IT服务供应商者在制造商服务化战略的业务维度与服务化收益关系中的调节作用。研究结果表明，制造商的服务提供和资源基础维度对于开发的客户服务和产品服务导向的PSS收益的正向影响是显著的。然而，活动系统维度只对客户服务导向PSS收益的显著正向影响，而对产品服务导向的PSS收益的正向影响并不显著。IT服务供应商支持分别正向调节了制造商的服务提供维度与产品服务导向的PSS收益的影响，负向调节了制造商服务提供维度对客户服务导向的PSS收益的影响；IT服务供应商支持还正向调节了制造商活动系统维度和客户服务导向的PSS收益的关系，负向调节了制造商活动系统维度和产品服务导向的PSS收益的关系。

作　者

2024年10月

目　录

第 1 章

绪　论

1.1　研究背景与意义

当前，随着云计算、物联网、人工智能等新一代信息技术和传统制造业的不断发展融合，服务型经济开始受到业界和学界的关注，越来越多的跨国制造企业的战略重心逐步从制造向“制造+服务”转变。从制造业的服务历程来看，传统的维修、培训和咨询等基本服务是制造企业参与竞争所需的核心技能和资源，但它们只充当了市场的进入壁垒，没有提供可持续的竞争优势来源。在更多情况下，它被视为企业售后部门实施产品战略过程中的附属业务。受益于数字通信技术的飞速发展，现阶段制造企业为提升竞争优势，逐步将产业链以单一的产品制造为中心向以服务型制造为中心转变，其主要策略是在整个产品生命周期中提供数字服务来创造额外价值，同时实现更大的产品差异化，而不仅仅是在成本上竞争。诸多文献探讨了数字技术作为服务化的驱动者和赋能者的作用，数字服务打破了各价值活动环节分割附加值的对立运营惯性，信息处理技术的提高使行动者、物、业务流程三者在服务过程中的互动更加智能化，从而增强了共同创造价值的潜力（Erik Lindhult et al.，2018），制造业服务化被视为嵌入有形产品中的信息服务产品（Holmström et al.，2014；Schroeder & Kotlarsky，2015）。通过数字技术，产品公司能够采用、设计和交付新的智能互联产品，改变企业原先的竞争方式（Porter & Heppelmann，2014），直接为客户提供服务（Porter & Heppelmann，2015）。

从价值链来看，很多大型制造企业的边界正在发生变化，原有的制造企业的辅助性服务如培训、融资、咨询、维修、物流等逐渐向企业内部的设计、采购、研发和生产的价值链扩展，服务的对象不再局限于企业部门，而是深入内部的制造流程和外部的应用场景中，针对产品的整个生命周期提供嵌入式的服务，服务不仅扩展了产品的功能，在某些应用场景中服务甚至替代了产品。从传统的商品主导逻辑来看，现阶段基于数字技术的服务化被视为制造业产品性能的延伸，强调产品运营过程中累积的数据的价值，服务是原始产品功效的附加物，产品随着服务属性的不断添加而实现价值的提升，价值创造的主体虽然源自企业产品，但用户可以基于使用结果或绩效合同付费；从服务主导逻辑来看，它更加强调客户的使用情境，侧重于客户在体验或使用产品时产生的共创价值，服务嵌入产品的设计研发过程中，产品是基于服务型制造的结果，价值创造的主体是企业和用户两者，产品创造的价值即服务的价值。在这一背景下，核心制造企业如何依靠现有的资源能力成功实现服务化战略转型成为学界关注的焦点（Fang et al.，2008）。

在业界，制造企业的服务化转型主要表现为两点：一方面，以产品为中心的企业逐渐向产品服务系统（PSS）中心转型，市场从产品消费转为服务需求导向，客户期待厂家提供的不再是产品本身，而是仅获得产品使用的价值，转而将产品作为一种服务需求来消费；另一方面，由于物联网和云计算技术的不断发展进步，制造行业正处在数字化转型升级的节点，数字技术的应用使制造企业的产品技术集成能力从硬件系统逐渐向以产品全生命周期为基础的服务系统开始转变。在此背景下，产品服务系统和信息化技术的兴起影响了企业的价值创造、交付、捕获及相应的商业模式设计，越来越多的产品公司希望通过商业模式创新来响应技术的飞速进步，最终推动制造企业不同阶段的服务化战略演化。熊彼特曾指出，所谓创新就是要“建立一种新的生产函数”，创新并不局限于产品技术上的革新，而是企业家对生产要素的重新组合，就这一角度而言，制造业服务化意味着产品创新和商业模式创新两者都可能产生价值创造作用，然而这对于以产品研发为传统的制造企业而言，服务化转型意味着企业技术能力的变革和战略重心的变化，将直接影响企业的绩效水平。因此，如何看待服务化转型给企业带来的机遇和挑战是学界和产业界都密切关注的问题。在制造商作为系统集成商和产品服务系统提供商的情况下，本书的研究目的与意义如下：

首先，传统的制造业服务化研究源于产品的系统集成领域，而现阶段的服务主导逻辑理论要求从市场需求理解服务化，侧重于客户在体验或使用企业产品时与企业共同创造价值。因此，如果 PSS 的外部市场需求和内部信息化应用都能促进商业模式创新，那两者是否能融合于一个或多个商业模式之中？

其次，如果 PSS 开发与数字化技术应用可以在商业模式的创新中实现融合，这意味着将重新定义制造企业的价值捕获方式，那这种新的价值捕获方式又会如何影响制造商的服务化战略演化路径？核心制造商的服务化战略实施会对价值链治理产生何种影响？

最后，新兴信息技术不同于传统的制造研发技术，然而 PSS 的开发依赖于制造企业的信息技术应用水平，在此条件下核心制造商和中小企业如何实现服务化能力构建？在此过程中，IT 服务供应商将扮演何种角色？

1.2　研究内容

（1）介绍本书的研究目标、研究目的与意义，国内外制造业服务化的研究现状、本书涉及的研究内容及主要创新点，明确本书的理论框架。

（2）服务化主要集中在为客户增加价值（需求拉动），而信息数字技术通常与制造过程的增加值（技术推动）有关。本书拟构建一个基于服务化和数字化水平推动制造企业商业模式创新理论模型：以信息化水平来表示数字技术使用的强度（价值创造以企业内部研发为主），以服务化程度来代表公司提供的 PSS（价值创造源于内部研发和外部客户需求），通过信息化水平和服务化类型不同程度的组合分析制造企业服务化商业模式创新的动因，并讨论实现这些商业模式创新所涉及的技术复杂性。

(3) 系统集成代表了现代高科技制造企业的核心能力。制造企业通过系统集成能力向价值流上下游延伸的路径有两种：一方面通过系统销售将服务嵌入企业外部的客户场景需求，另一方面通过系统集成将服务嵌入企业内部的研发流程中。本书拟结合资源基础观和系统集成理论，以三一重工和青岛海尔集团两家核心企业作为案例研究对象，从系统集成能力的角度探究核心制造企业通过内外价值链整合进行服务化转型的动因及其相应的价值链治理问题。

(4) 从资源基础观来看，制造企业服务化转型是组织资源和能力重新配置的过程。对于以生产研发为核心能力的传统制造企业而言，新产品开发传统上一直专注于改进产品组件和系统的技术能力，与产品服务相关的数字化应用并非制造企业的技术核心能力。本书实证分析制造商如何通过IT供应商参与程度构建服务化能力，从理论上解释何为服务化三元组，探讨终端客户、IT供应商和制造商三者在供应链服务化三元组中的作用，构建制造商服务化战略的三个维度，实证分析IT供应商合作在制造企业服务化战略的三个维度与制造企业获得的收益之间的调节作用，以此论证IT供应商合作如何支持制造商的服务化能力构建。

1.3 研究思路与技术路线

本书在明确研究背景、目的和意义的基础上，首先总结与归纳制造业服务化的起源、特征与相关理论基础，重新梳理制造业技术创新与服务化商业模式创新的相关研究；其次，运用系统集成理论分析制造企业最初实施服务化的根源，构建一个基于服务化和数字化水平推动制造企业商业模式创新理论模型，阐明了制造企业服务化转型的动因，探讨其服务化转型商业模式创新路径和发展不同的服务化战略所需的复杂性；再次，本书采用三一重工和青岛海尔集团两家核心企业作为案例研究对象，从系统集成能力的角度探究了核心制造企业通过内外价值链整合进行服务化转型的动因，分析了核心企业如何利用工业互联网平台的系统销售和系统集成的两种能力发展服务化转型战略；最后，本书将基于关系观理论分析中小型制造企业与IT供应商之间的关系来研究制造企业的服务化能力构建，即通过实证研究IT服务供应商在制造企业服务化战略的三个不同业务维度分别与制造企业获得的产品导向收益、服务化导向收益之间的关系中可能的调节作用，分析中小型制造企业与IT供应商合作的关系对于服务化能力构建产生的影响。本书的技术路线如图1-1所示。

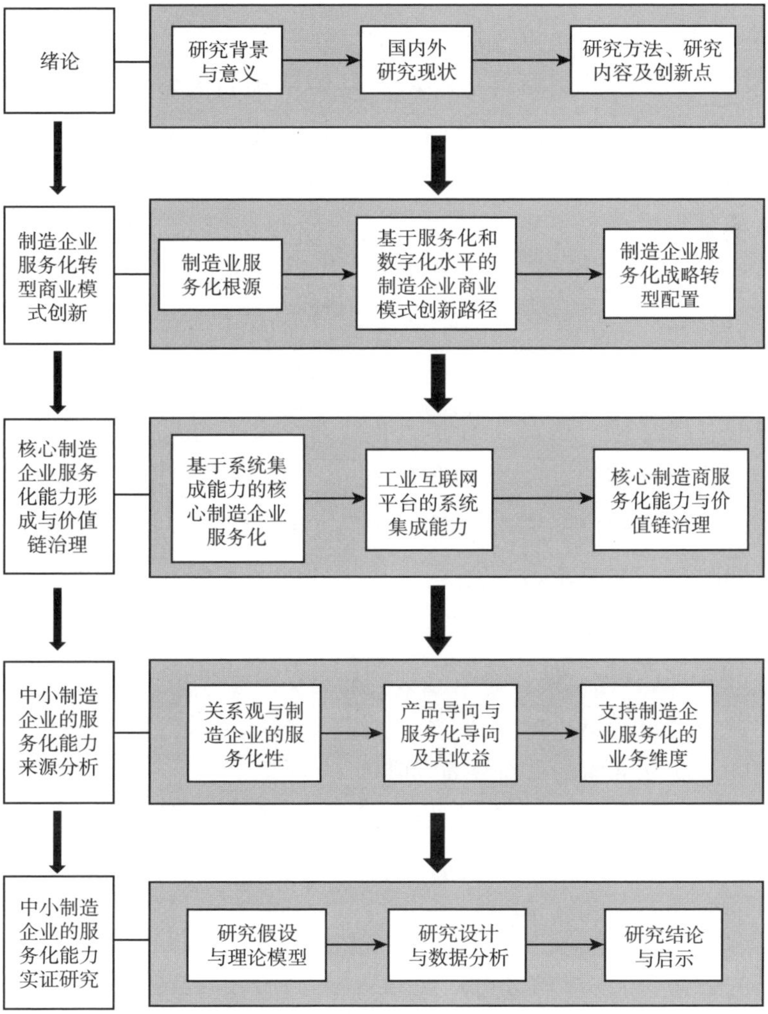

图1-1 本书的技术路线

1.4 制造业服务化国内外研究现状

1.4.1 国外制造业服务化研究评述

（1）制造业服务化研究的缘起。

20 世纪 80 年代，Levitt（1983）最早将制造业服务化作为一个完整概念正式提出：企业外部交易特点将从产品的单次离散型销售关系转向基于“产品和服务组合包”的多次维护型关系，此后，Vandermerwe 和 Rada（1988）使用术语“服务化”来描述这种产品和服务的“组合包”，制造企业的服务化是为了使核心产品增值，该“组合包”包括有形物品、服务、支持、自我服务和知识。Kapil R. Tuli 等（2007）从关系流程的视角对“产品服务组合包”做出了进一步的解释，他们认为产品服务的定义乃是源于四个方面，即，客户需求定义、商品或服务的定制和集成、部署过程和部署后的客户支持。这意味着制造企业必须在产品的生命周期内不断加强服务能力，根据客户的运营流程特点在产品中嵌入相应的个性化服务。综合来看，服务化的范围集中在工业营销领域，核心包括两个主要参与者：即通过采购解决方案寻求改善其运营和绩效的客户公司和解决方案提供商（通常是制造企业）。这些解决方案中包含的产品包括有形产品（如重型工业机械）和无形产品（如软件系统）（Hobday，1998），所包含的服务包括简单维护（Jackson & Cooper，1988）、知识密集型服务（Martinez – Fernandez，2010），以及全面的系统生命周期解决方案（Tuli et al.，2007）。最近十多年来，市场上越来越多的制造商开始通过服务组合进行竞争（Crozet & Milet，2017）。制造商利用物联网、云计算、传感器等技术创新所带来的能力开发其业务战略，在不断增长的竞争市场中，制造企业正在寻求通过提供服务来创造额外价值，从而提高其竞争优势（Baines et al.，2009a；Turunen & Neely，2012）。其基本原理是在整个产品生命周期中创造新的盈利模式，提高利润率并实现更大的差异化，而不仅仅是在成本上竞争

（Baines et al.，2009a；Gebauer et al.，2011；Bustinza et al.，2015）。

（2）现阶段国外制造业服务化的研究谱系。

①使用价值。产品主导逻辑和服务主导逻辑都将客户中心视为服务型制造商的关键组成部分（Oliva & Kallenberg，2003；Baines et al.，2009a；Smith et al.，2012）。术语“使用价值”通常用于支持以客户为中心，而产品主导和服务主导逻辑都强调实现使用价值作为实施服务化战略的驱动因素。但是，两者对于“使用价值”的使用方式似乎存在差异，特别是在创造价值方面。在产品主导逻辑中，Baines 等（2009a）指出，传统上，“总价值创造的主要部分被认为源于实物商品，而服务纯粹被视为产品的附加物”。他们继续指出，最近的研究认为服务是“主要的差异化因素”，产品被简化为公司出售物的一部分。然而，在这种情况下，直接服务活动被称为增值活动。这种“增值”概念意味着产品主导逻辑将价值视为嵌入效用（Ng & Smith，2012）；它以原子化方式嵌入公司为客户使用而创建的产品和服务活动中，服务化战略的重点转移到了公司交付价值的可靠性上，顾客是其使用价值的被动“接收者”（Prahalad & Ramaswamy，2004）。

在服务主导逻辑的文献中，客户对于物理产品及其相应服务活动的使用或情境的价值创造过程是不可或缺的（Prahalad & Ramaswamy，2000）。因此，这形成了产品主导逻辑文献中没有表达的重要含义：如果价值仅在使用中创造，那么客户必须是价值的共同创造者（Maglio et al.，2009）。制造商不能提供价值，而是提供价值主张，制造商对价值主张的接受意味着允许由客户创造并主导价值创造（Vargo & Lusch，2008）。这改变了公司和客户之间的传统界限，使其成为一种协作关系，因为价值的创造对公司的生存能力至关重要，它超越了价值主张，并延伸到使用的情境范围，其中双方对实现的预期服务产出负责（Smith et al.，2014；Frow et al.，2015）。产品主导逻辑同样认识到从基于交易的向基于关系的纵向交互的转变，由于公司通过制造实物产品及其相应的服务来创造价值，客户使用是其生存的重要条件，但企业没有像客户价值共创框架所期望的那样“拥有”情境性。产品主导逻辑分析对象以创造和交付价值为核心，客户视为使用参与者，而服务主导逻辑分析对象以使用和体验为核心，公司视为价值主张参与者。

②服务产品的设计。服务主导逻辑的重点在于使用和体验背景下的价值共创，未来组织设计产品的方式需要进行根本性的改变。Payne 等（2007）将未来产品设计的变化描述为对价值主张从内向外到由外向内的转变。与其将未来的产品建立在组织的当前能力基础上（由内向外），企业更应首先了解客户价值创造流程，并且为这些环境中的共同创造提供更大的支持（从外到内）。Grönroos 和 Ravald（2011）也同样鼓励这种方法，他们指出，了解客户的价值创造流程可以让组织设计出更有效的方式来提供支持价值共同创造的资源。尽管这两类框架都认为服务型制造商正在努力优化配置资源（人力和物力），以便最有效地提供有价值的解决方案或支持客户共同创造他们期望的结果（Baines et al.，2009a；Smith et al.，2014）。然而，产品主导的嵌入式效用意味着这种逻辑不能真正视为从外到内，因为客户虽然重要，但对于产品主导的价值创造逻辑来说仍然是外生的。

相反，服务主导逻辑的观点认为价值创造的过程是通过相互资源整合实现的（Vargo & Lusch，2008）。因此，为了理解客户价值创造过程，以实现最有效的产品设计，制造商必须考虑现有客户资源的可获取性以及如何最好地补充现有客户资源（Jaakkola & Hakanen，2013）。实际上，Takeyama 等（2014）强调了任何资源不能孤立存在，只有在客户的使用环境中支持其他资源时才存在（De Gregori，1987）。Ng 等（2012b）对此进行了解释，指出资源仅在最终产出的过程中"活跃"，资源是潜在服务的组合包，而活动是实现其价值的过程。通过这种方式，价值共创和资源整合是来自多方向的，所有各方在关系价值创造系统中独特地整合多种资源（Ng et al.，2012b；Frow et al.，2015）。因此，Vargo（2008）认为，公司产品应该被看作是对客户的资源整合价值创造活动的投入，而不是自己整合客户资源以生产有价值的产出。这个想法的结论是服务主导逻辑文献所提倡的客户资源和情境性在未来的服务化产品设计中的重要性。

产品主导和服务主导逻辑文献的主要区别在于物理产品的作用。对于前者，实物产品没有变化，服务被视为协助客户使用所需的"附加"活动

(Vandermerwe & Rada, 1988; Verstrepen & van Den Berg, 1999; Baines et al., 2009a)。这在产品主导服务化文献中都很清楚。例如，Lightfoot 等(2013) 在他们对文献的回顾中发现，大多数关注服务化设计要素的研究都强调组织变革以适应额外风险，而没有提及产品变化。即使传感器技术等技术进步产生大量数据，重点仍放在远程健康和使用监测（Grubic, 2014）或提高公司服务效率（Zaki & Neely, 2014）。例如，使用数据来改进备件决策（Kim et al., 2007），而预测分析利用设备使用数据来防止设备故障并提高效率（Swanson, 2001）。最后，剑桥服务联盟将3D 打印的使用列为最近一份简报中的前十大技术。但是他们将其与预测分析相结合，在客户现场及时创建备件，利用该技术提高效率，而不是改变核心物理产品。服务主导逻辑并未认为实物产品是不可更改的，而是承认其作为间接服务的局限性和优势。物理产品的优势在于它创造了标准化，使公司可以更好地复制或扩展，从而降低成本并提高生存能力（Ng & Briscoe, 2012）。然而，局限性在于它无法灵活地适应客户的使用环境。因此，这种方法认为服务化的挑战之一是确定服务系统中的刚性和稳定边界（物理产品的作用）以及客户使用所需的多样性（服务活动的作用）。此外，Ng（2013）声称，由于传统的物理产品是针对不同的商业模式设计的，因此服务活动可能难以扩展和复制，它是基于产品交易而非产品的使用服务，她主张在使用情境中使用数字技术作为组件变更或服务化的推动者。

③价值共同生产和价值共创。在服务主导逻辑的研究中，共同生产被视为客户参与创建公司的核心产品，即参与所需属性的设计（Etgar, 2008; Parry et al., 2012; Ranjan & Read, 2014）。然而，共同创造被视为客户对产品的实现，以便获得使用中的有益结果。虽然理论上可以区分两者，但实际上它可能会变得模糊。Vargo（2008）指出，共同创造是一种高级的联合生产；即客户必须在其自身背景下共同创造价值，但不一定能通过联合生产为公司的产品设计作出贡献（Ng & Smith, 2012）。通过考虑情境和价值受益人的归属，可以最好地理解这种区别。客户资源的利用从共同生产到共同创造增加。例如，在共同生产期间，产品是在公司的背景下设计的，需要更多地利用公司资源。因此，虽然共同生产最终可能会为客

户带来更大的效果实现预期产出，但在这个阶段，公司获得了最大的利益，因此公司可以被视为受益者。但是，在客户共同创造情境下的价值实现将需要更多地利用客户的资源。为了在服务主导逻辑框架中阐明这一概念，作者从现有文献中综合提供了以下定义（Etgar，2008；Vargo，2008）：合作生产是指客户参与公司核心产品的形成；共同创造是使用情境中促进价值的实现；共同创造价值高于共同生产。

值得注意的是，产品主导逻辑的文献不承认价值共同创造，但确实使用了共同生产一词（Brax，2005；Morelli，2009；Wilkinson et al.，2009；Kowalkowski et al.，2012），虽然没有全部定义为客户参与解决方案过程的术语，例如，Windahl 等（2004）指出了共同生产在开发集成解决方案中的重要性，但没有明确术语定义这种重要性，而是使用它来指代“客户互动”和公司与客户之间的信息交换。Morelli（2009）采用了更为全面的定义，指出客户不应再被视为有价值的破坏者，而是价值的共同生产者，因而建议公司应该关注“共同产生价值的物理空间”。这里的共同生产被定义为价值生产的实施，类似于服务主导逻辑文献中共同创造的概念。通过这种方式，服务主导与产品主导之间的出发点似乎是价值共同创造，因为服务主导理论认为共同创造与共同生产是分开的。

④情境多样化和复杂性。Chandler 和 Vargo（2011）将特定情境定义为一组独特的行动者，它们之间具有相互联系，其中行动者可以是任何社会或经济实体，其资源被整合到价值创造系统中。根据这种对情境的定义，服务主导逻辑认为公司的资源只是构成客户价值创造系统的一部分，因此，公司的产品（旨在支持特定客户的价值创造系统）将受制于不同价值创造系统之间及其内部的各种情境使用场景。由于这些使用环境在产品出现之前无法彻底了解，因此 Batista 等（2013）指出，情境变化可能表现出复杂性，因此需要开发能够解决减少这种变化的方法的产品。在服务主导逻辑的框架中，Ng 和 Briscoe（2012）指出，每个实体都是在不同的可能情境之间进行比较。物理产品具有固定边界，因此对情境变化容忍度较低。对于服务型制造商而言，制造后的服务活动可以帮助减少出现意外的变化。然而，在多样化的条件下（特别是当产品存在于客户情境中时），解决方案

的开发成本变得越来越昂贵，并且由于缺乏可扩展性，最终可能威胁到公司的生存（Smith et al.，2014）。

而在产品主导逻辑中，复杂性主要来自服务活动。因此，从纯产品到纯服务的转变为公司管理带来了额外的复杂性，并增加了风险（Smith et al.，2014）。产品主导逻辑文献中描述的复杂性和服务主导逻辑文献中描述的情境多样化相似。我们的分析发现，这些术语的细微差别源于它们对客户的处理，产品主导逻辑在概念上处理复杂性不同于服务主导的研究。许多采用产品主导逻辑的学者认为，由于不可行性和次优产品性能的风险转移（Grubic，2014）、最小化停机时间（Küssel et al.，2000）和减少运营停滞（Jonsson et al.，2008），服务化为制造商带来了复杂性。这仅仅是列举的一小部分。因为产品主导逻辑认为客户资源对外生服务而言是外生的，所以任何使用情境的复杂性都涉及了需要管理或缓解的风险。Tukker（2004）强调，按服务付费的PSS将由公司承担了以前由客户的责任，如供应、维修、维护和检修以及在需要时更换产品。通过承担这些责任，公司现在处理内部运营绩效的额外复杂性，并确保客户的日常业务根据新的服务合同正常运行。

为了克服实现功能解决方案的额外复杂性，有关研究指出了使用监控（Holmström et al.，2010）、远程监控技术（Grubic，2014；Jonsson et al.，2008）以及错误和诊断报告（Küssel et al.，2000）。大多数调查结果表明，使用有关产品健康，使用方法和性能的实时数据，可以让制造商通过改进备件决策来降低风险（Kim et al.，2007），为使用该产品的客户提供培训和建议。提高生产率的设备（Laine et al.，2010）和更好的预测性维护，提高了产品的可靠性（Moore & Starr，2006）。在确定这些要点时，我们发现重点仅在于提高公司的能力，无论是产品性能还是服务活动，提高效率并降低与客户责任相关的风险。专注于这些元素时，产品导向逻辑（基于解决方案）的目的是确保作为被动接收器的客户提供解决方案的操作效率。相比之下，服务导向逻辑（基于结果）中的客户内生性不仅关注于管理或降低风险，还关注通过客户积极参与来减少风险。这涉及协助管理其使用或经验，包括使用环境的多样性，通过公司和客户的一致性可以降低由使用环境多样性引起的复杂性。例如，Ng等（2013）提出，一致性对于成功制定第二类产品至关重要：互补能力一致，期望一致，授权一致，感知控制一致，行为一致，信息一致和材料/设备一致。Batista 等（2013）将这种协作关系描述为共同能力的发展，他们认为这种共同能力可以为长期设备结果提供更大的可行性和稳定性。因此，服务主导逻辑主要关注有效性和优化使用环境与期望结果之间的契合，以减少情境多样性及其挑战。简而言之，这是通过减少公司与客户之间的信息不对称来实现的，通过确保其能力的一致性来积极管理未来的不确定性和不完整的信息。

⑤解决方案与产出的商业模式。服务主导逻辑研究在本质上将所有服务化的商业模式视为基于结果输出，不同的只是合同边界的差异。事实上，在采用服务主导逻辑时，Smith 等（2012）提出了三个基于设备制造商的价值主张周期，通过改进其产品以最大化使用价值：恢复，最大限度地减少技术故障造成的破坏；可行性，最大限度地发挥技术可行性；结果，更好地实现理想的技术成果。Tukker（2004）的产品导向逻辑分类还引用了三种主要类别的 PSS，这取决于服务内容：以产品为导向，主要是增加了一些额外服务的产品销售；使用导向，产品起着核心作用，但所有权由供应商保留；结果导向，客户和制造商在没有指定预定产品的情况下预定结果就达成一致。虽然 Smith 等（2012）的服务主导逻辑的价值主张类似于 Tukker（2004）的产品主导逻辑的 PSS 分类，服务主导逻辑的学者使用术语“周期”来表示现实中每个价值主张在客户的最终产出中的相互关联性。当公司经历了这些周期，会更加促进和支持产品的使用体验，并需要更多的资源投入和对客户价值创造过程的肯定（Jaakkola & Hakanen，2013）。可以说，服务主导逻辑的价值主张符合 Payne 等（2007）对价值主张设计的由外向内的看法，Ng 和 Briscoe（2012）发现通过提高客户满意度可提高竞争优势。

集成解决方案的产品主导逻辑商业模式（Brax & Jonsson，2009）有可能被误解为与基于结果的服务主导逻辑商业模式（Ng et al.，2013）相似。两者都必然需要公司和客户之间的密切合作。然而，两者的区别在于公司对客户自主权的管理和资源的利用。服务主导逻辑将客户资源视为价值创造系统的一部分，并提出资源是在具体情境中，客户资源的位置更适合部署，因为客户将首先知道何时出现异常或变化。因此，在以结果为基础的商业模式下，公司（通过协同能力的发展）协调客户资源，从而允许双方更有效地使用资源（Etgar，2008）。因此，当公司资源贡献增加时，获得了更多的收入，更多的资源利用提供了降低整体系统成本和实现边际收益的机会。因此，服务主导逻辑将服务化中的客户内生性视为三个方面：第一，共同承担实现服务产出的能力；第二，共同承担风险；第三，最佳的客户潜在资产（contingent assets）或与使用情境密切相关的能力。共同能力的发展还需要双方转换资源，Ng 等（2009）指出，公司必须发展管理客户自主权的能力。

鉴于客户在产品主导逻辑下被视为外生的，产品主导逻辑的商业模式不是管理客户自主性，而是通过刚性来控制它。Ng 等（2009）认为，以综合解决方案的形式提供使用价值的概念意味着公司应对整个结果及其风险负责。实际上，Miller 等（2002）的声明表明，为了保持产品溢价，公司必须“始终努力保持领先于客户”。为了减轻各种“解决方案”的风险，需要指定刚性和清晰的边界。产品主导逻辑文献表明，这些可以是合同定义的绩效水平（Zaki & Neely，2014），如那些确保风险和收益共享合同下的资产可用性（Baines et al.，2009b）。

Ng 和 Briscoe（2012）指出，基于产出的合同（Outcome - Based Contracting，OBC）与传统（产品主导逻辑）商业模式相比有三个主要变化：第一，双方对合同中共同结果的一致减少了企业机会主义行为（例如，为增加销量故意制造不耐用商品），并引发了期望的客户行为（正确合理的使用）；它们一起潜在降低了长期服务成本。第二，在客户价值创造系统中，公司承担了更多与实现结果相关的风险。这样公司就有机会更有效地利用资源，从而获得更大的利润。第三，在基于结果的合同中实现一致性的协调构成了公司的额外能力，可通过类似合同的扩散促进市场份额的增加。这可以激励公司超越合同条款来追求服务产出，从而进一步加强企业与客户的关系。因此，虽然基于解决方案的产品主导逻辑可能适用于可客观评价和低多样性的封闭性技术系统，但当期望的最终状态是复杂、高变化性、不确定的时，基于产出的服务主导逻辑可能更合适。

1.4.2 国内制造业服务化研究评述

(1) 国内制造业服务化研究的缘起。

进入工业化中后期，我国面临着产业结构调整和新旧动能转换的重任。在此背景下，服务业与制造业的相互融合已经成为我国工业经济发展的现实需求。然而，从我国产业发展实践来看，与发达国家不同的是，由于我国制造业发展总体水平较低，大多数制造企业的服务化来自相应的产业配套服务，如物流运输、金融保险、信息中介、租赁等生产性服务业，事实上，这些业务本身就是脱胎于制造业内部的生产服务部门，强调通过对企业采购、运营、生产等一系列生产环节的支撑，其目的是保持工业生产过程的连续性，促进工业技术进步、产业升级和提高企业生产效率。

这种产业间的互动关系同样反映在学界的研究中，虽然我国针对制造业服务化的研究由来已久，但最初的研究对象并非企业，研究领域集中在经济学中，从产业的角度分析生产性服务业与制造业发展的关系，强调生产性服务业如何为制造业的转型升级提供保障。早期分析如刘志彪(2005)认为，生产性服务业的产出无形的中间服务，通过把大量人力资本和知识资本引入商品和服务生产过程中，是对市场资源优化配置和对现有产业结构的细化。顾乃华、毕斗斗和任旺兵(2006)基于面板数据的实证研究指出，在我国经济转型期，发展生产性服务业有利于改进制造业的竞争力；东部地区生产性服务业对制造业的支撑作用最明显；金融保险业最能发挥改善制造业竞争力的功能。此后，高觉民、李晓慧(2011)的分析更进一步从产业内部的投入要素分析了制造业与生产服务业互动的深层机理，通过应用面板数据联立方程进行实证分析，其研究同样指出，生产性服务业的进步有利于推动制造业的发展，同时制造业的增长又反过来显著促进了生产性服务业的进步，而且生产性服务业内部各部门与制造业均呈现互动发展关系。值得注意的是，该研究还指出，由于我国正处于产业转型升级期，制造业与生产性服务业之间的拉动效应并不平衡，其中制造业发展对生产性服务业的需求远高于后者对前者的影响，这也从侧面反映出生产性服务业进入了“瓶颈”期。

（2）现阶段国内制造业服务化研究的谱系。

近年来，信息化技术发展迅猛，产品复杂程度提高、用户需求日趋个性化，原有的生产性服务业不断细分发展出多种形式，且接收服务化的客户从制造企业扩展到了消费者，这些制造服务包括专业的研究开发、设计、试验；第三方物流、供应链管理优化；工程总承包、交钥匙工程、整体解决方案；检测、维修、零部件定制服务；设备租赁、担保、再保险；咨询、诊断、评估、策划；呼叫中心、应答中心；软件开发与应用、服务；产品回收、处理、再制造；基于网络的内容服务，等等。原有的制造业配套的服务逐渐从产业链外部嵌入企业内部的价值链流程中，越来越多的企业开始从提供产品向提供全生命周期管理转变、从提供设备向提供系统解决方案转变，进而派生出针对产品企业的制造服务化。从学界来看，越来越多的研究开始关注制造企业的服务化转型，相比早期文献，制造企业的服务化更强调各行业的服务化需求差异和客户的价值共创作用。

首先，管理学领域的制造企业服务化研究早期更多地集中在概念特征和理论界定上。例如，最早的研究者郭跃进（1999）就注意到了服务化在制造业产品价值链上的嵌入性，他指出制造业服务化经营并不是就一个新的行业而言，而是对原有制造业功能的进一步完善和提升，在企业产品层面表现为交换价值和使用价值的拓展与延伸。蔺雷、吴贵生等（2005）在原有基础上进一步细化了制造业服务化的理解，他们认为制造业服务化其本质是一种增强型的服务，具体表现为两个方面：一是提升产品竞争力的基础服务，二是作为服务本身的价值提升效应。该观点进一步强化了服务与物理产品之间的互补性，强调了服务的价值创造作用，但是并没有分析这种服务价值创造的来源。还有学者从产业角度定义制造服务化。例如，刘继国（2006）发现了后工业时代制造业转型的特征，即制造业价值链将从传统的生产制造中心逐渐向服务中心转变，这种转型直接关系到制造企业的竞争优势和发展战略；孙林岩（2007）则从产业升级的角度定义“服务型制造”的概念，他认为服务型制造是制造与服务相融合的新产业形态，作为一种先进的制造模式，这是未来制造业发展的趋势，值得注意的是，孙林岩指出，为实现制造业价值链中各利益相关者的价值增值，服务型制造需要客户的全程参与、合作企业之间的协同，以实现对分散化制造资源的高效整合和创新；程东全、顾锋（2011）认为，服务型制造的价值链创造模式可概括为全周期服务、全方位参与和全需求满足。必须指出的是，这种服务型制造以产出服务为核心，强调客户的价值共创作用，这些特征在本质上与国外学者的服务主导逻辑理论非常接近。

此后，制造企业的服务化研究开始在学界受到广泛的关注。一种研究角度仍然以产业分析为主，重点分析制造企业服务化的发展路径及其与价值链升级的关系。例如，简兆权、伍卓深（2011）基于微笑曲线理论研究了制造业服务化的路径选择，并指出了下游产业链服务化、上游产业链服务化、上下游产业链服务化和完全去制造化四条路径，前面两条路径适合完全缺乏服务化经验的制造企业，第三条上下游产业链服务化要求企业具备较强的竞争力和抵抗风险的能力，第四条路径完全去制造化是服务化发展的最高阶段，一般以上下游产业链服务化为基础。他们认为，制造业的服务化路径具有递进发展的关系，从初级服务化到高级服务化的过程就是逐步去制造化的过程。针对服务化在价值链两端的扩展，在实证研究方面，刘斌、魏倩和吕越等（2016）系统考察了制造业服务化对企业价值链升级的影响，其实证研究表明，制造业服务化加深了企业在价值链上的参与程度，有利于各企业之间的分工，同时企业出口产品的质量和技术复杂度提高，对此应增加制造业上游生产中的研发、设计等服务要素投入，下游渠道应围绕产品功能扩展营销、售后等服务业务。在案例研究方面，众多研究从产业组织关系的角度探讨了服务化能力的构建问题，赵立龙、魏江（2015）以华为公司为案例，从资源基础观的角度探讨制造企业服务创新战略与技术能力的战略匹配，该研究表明，当企业技术能力较弱时，实施渐进式服务创新战略为顾客提供完备的产品支持服务，有利于提升产品价值。当技术能力较强时，可充分发挥企业的技术优势，形成知识溢出效应为企业带来超额收益。许晖、张海军（2015）从动态能力的角度分析了不同情境下的制造企业服务化能力构建，研究结果表明，由于存在技术动荡性和市场动荡性，企业能力与外部环境的匹配具有动态性，制造企业需要不断组合自身资源能力要素与环境进行结构匹配和功能匹配，前者的目的在于实现资源的二次编排，后者在资源编排的基础上实现能力的跃迁。此后，许晖、张海军（2016）从资源编排视角，通过艾默生与奥的斯的纵向案例研究，探讨了制造企业资源编排方式和环境动荡性对企业培育服务创新能力的影响，技术与市场的双重压力制造企业在不同的发展阶段选择不同类型的资源组合构建服务创新能力。胡查平、汪涛（2016）分析了三家本土制造企业的服务化转型升级的发展路径，该研究将服务化分为基于产品的基础性服务阶段和基于顾客的高级服务阶段，前者的核心能力为产品的专业维修、保养调试与旧设备升级改造，后者的核心能力为针对客户业务流程的优化和系统性解决方案。与以往研究相比，这篇文章突出了服务化能力的构成和演进机理，事实上，这两个服务化阶段都是从工业营销的角度分析如何提高产品的服务化，前者将服务化嵌入产品中，后者则将服务化延伸到顾客业务活动中。此外，还有解季非（2018）通过数学仿真模型研究了制造企业的服务化路径选择，该文分别比较研究了四种服务化路径：外包投入服务和产出服务；外包投入服务，自营产出服务；自营投入服务，外包产出服务；自营投入服务和产出服务。其中，价值链下游主要为营销、品牌管理等产出服务，价值链上游主要为研发、设计等投入服务，其研究结果表明，制造企业的服务化路径选择取决于其具体的自身条件和市场环境。

在战略管理领域，还有学者探究了制造企业的服务化战略与企业绩效的关系以及相应的商业模式分析。例如，姜铸、李宁（2015）的实证研究结果指出，服务创新与制造企业服务化程度的发展有利于企业绩效的提高，发展服务创新有利于制造业服务化的改善，同时，制造业服务化程度在服务创新对企业绩效的影响中起到部分中介作用。蒋楠、赵嵩正和吴楠（2016）实证分析了制造企业服务提供与服务创新绩效之间的关系，研究结果表明，客户导向的服务提供和产品导向的服务提供对服务创新绩效有明显促进作用，知识共创在服务提供和服务创新绩效之间起中介作用。赵立龙、刘洋、魏江和王琳（2017）对动态环境下制造企业渐进式和突破式服务创新战略对竞争优势的影响关系进行实证研究。研究结果表明，两类服务创新战略对竞争优势的市场绩效和财务绩效两个维度均具有直接正向影响；市场动态性越高，相比突破式服务创新战略而言，制造企业渐进式服务创新战略越有助于竞争优势（企业相对市场绩效和财务绩效）提升。在商业模式方面，孙立缘、罗建强和李锦飞（2017）揭示了制造企业服务衍生的价值创造机理，服务嵌入物理性产品中，数值仿真分析表明，当服务化成本在服务衍生边界内时，可为企业和客户创造更高价值；反之，制造企业则不应实施服务衍生，避免陷入“服务悖论”的困境。李靖华、林莉和闫威涛（2017）从价值网络的角度分析了制造企业服务的价值共创机制，以继往开来工控公司的案例探讨了模块化的总集成服务化业务，将制造企业所处价值链分为价值模块，并利用网络中各利益相关者的资源与能力，将各价值模块整合成为更具竞争力的价值系统。王宗水、秦续忠、赵红和张健（2018）发现制造业服务化与商业模式创新策略可通过价值创造及相关活动予以连接，该研究指出，制造业服务化所处阶段决定了产品与服务在价值创造中的作用，通过实施不同的商业模式创新策略，提高了产品与服务在价值创造活动中的配置效率。

其次，当前经济学领域研究中制造业服务化主要集中在国际贸易方面，刘艳（2014）以52个国家的面板数据进行了实证分析，分析了生产性服务进口对商品出口复杂度尤其是高技术制成品出口复杂度的积极影响，研究结果表明，生产性服务进口对商品出口复杂度的影响主要集中在出口发达国家的高技术制成品方面，不同部门的生产性服务进口对高技术制成品的出口复杂度影响也有一定差异。刘斌、王乃嘉（2016）研究了制造业投入服务化与企业出口的二元边际的关系，分析结果表明，制造业的服务化投入有利于促进企业的出口概率，不仅能够提升企业的产品价格，还能扩大出口的产品种类和市场范围。从服务化投入要素的种类来看，分销服务和金融服务对于企业出口的影响显著，而电信服务和运输服务的影响则不显著。许和连、成丽红和孙天阳（2017）分析了制造业投入服务化对企业出口国内增加值的提升效应，研究结果表明，制造企业的服务化投入对其国内出口增加值率的提升效应存在门槛值。当服务化水平超过该临界值时，企业的出口国内增加值率将得到明显提升。同时，通过企业异质性检验表明，在贸易类型、地区、技术和所有制方面，制造业投入服务化对企业出口国内增加值率的影响存在差异。邹国伟、纪祥裕、胡晓丹和胡品平（2018）分析了服务贸易开放对制造业服务化水平提升的影响，实证研究证实了服务贸易开放的正向影响，但具体的服务种类如金融、分销和运输服务、通信服务对服务化的影响存在差别，其中专业服务的开放效应只有通过外国直接投资向制造业渗透这一途径才能得到有效发挥。马盈盈、盛斌（2018）从增加值的视角构建了制造业服务化指标和制造业出口技术复杂度指标，同时基于这两种指标测算了制造业服务化水平和出口技术复杂度指数，其实证研究结果表明，制造业服务化积极促进了出口产品技术复杂度，同时服务化对劳动密集型、资本密集型、知识和技术密集型制造业出口产品的技术复杂度的作用逐渐趋弱，而对国内技术水平的积极影响则趋强。

（3）国内制造业服务化研究的不足及未来方向。

综合对比国内外制造业服务化的研究现状，如前所述，目前国外的制造业服务化更多的是以产品企业为研究对象，其研究视野主要集中在整个产品生命周期中衍生的各种服务和相应的价值主张，由此导致的组织战略转型和商业模式变化。在国外研究中，制造业服务化是针对产品的嵌入式服务，它直接涉及企业自身内部的技术能力转型升级、产品设计研发生产整个流程的变更，服务化是企业内部的技术内生性因素引发的变化。对比之下，国内管理学领域针对此类产品公司的服务化转型也有一定研究深度，但目前的文献一方面大多以案例研究为主，缺乏定量实证研究的探索，其研究停留在对概念的探讨上，并不能深入分析这种新兴的产品嵌入式服务会如何影响组织商业模式的创新；另一方面，国内现有的服务化案例研究更注重对大型企业的分析，而对于我国数量庞大的中小制造企业的服务化转型缺少应有的关切，这意味着现有的研究尚未打开中小制造企业服务化能力构建的“黑箱”。

在经济学领域，国内的制造业服务化研究视角以进出口贸易为主，其研究主题体现在服务化投入的国外技术进口的溢出效应，以及作为服务化产出的出口国内增加值和高技术产品提升方面，而对于国内具体的产业组织之间的产业演化、联盟合作、供应链关系等方面的关注较少。事实上，从我国近些年科技发展趋势来看，随着云计算、物联网、大数据等新兴技术的飞速发展，行业之间的壁垒正处在不断融合、重建的过程中，产业上下游的资源整合、创新合作增加。从价值链来看，很多大型制造企业的边界正在发生变化，原有的制造企业的辅助性服务如培训、融资、咨询、维修、物流等逐渐向企业内部的设计、采购、研发和生产的价值链扩展。制造企业的转型升级一方面涉及网络信息化技术在产业链营销、零售、售后等下游环节的大量运用；另一方面，涉及信息化技术在产业链的设计、研发、生产等上游环节的创新性发展，协同设计、共同研发、柔性制造等新的集约式、网络化生产在诸多制造行业开始出现，服务的对象不再局限于企业部门，而是深入内部的制造流程和外部的应用场景中，针对产品的整个生命周期提供嵌入式的服务，服务不仅扩展了产品的功能，在某些应用场景中服务甚至替代了产品。在服务型制造商直接控制下，许多大型资本品厂商基于制造领域的核心能力逐渐向下游提供产品生命周期内所附加的分销、运营、金融和维修服务，一些向价值链下游移动的制造商绩效甚至高于停留在上游的企业。这意味着我国现有产业经济学和组织变革带来了新的研究领域和机会。

1.5 研究方法

本书综合采用了规范研究与实证研究相结合的方法，基本遵循了“文献阅读与访谈—理论分析—形成问卷和调查数据—实证分析—形成结论”的研究思路，具体如下：

（1）理论研究方法。理论研究在本书中主要体现为：第一，本书在对大量国内外期刊、学术论文及专著大量阅读的基础上，总结回顾制造业服务化研究的缘起、内涵和维度划分，详细介绍国内外有关制造业服务化的研究进展；运用系统集成理论分析不同核心制造企业的服务化战略演进路径，通过核心企业服务化转型的价值链治理动态来分析核心企业实施服务化的能力来源；构建一个基于服务化和数字化应用水平的制造企业商业模式创新理论模型，分析服务化商业模式创新动因，进一步丰富系统集成理论在制造业服务化研究中的应用。第二，本书以关系租金理论来分析 IT 服务供应商与制造企业的关系对企业服务化收益的影响，从服务化三元组的角度分析终端客户、供应商和集成商制造企业三者在供应链中的相互关系，通过构建制造企业实施服务化战略的三个发展维度，以此分析供应商与制造商的关系如何影响制造企业服务化不同路径的发展实施，进而分析探讨中小企业的服务化能力来源和构建方法。全书的理论研究方法沿着“数字发展水平—制造企业服务化战略路径—制造企业商业模式创新—服务化能力构建—企业服务化收益”的逻辑思路。

（2）实证研究方法。首先，实证分析中小制造商如何通过合作关系获取服务化能力。在问卷调研部分，几乎没有关于服务化定量方面的研究，而是通过深入的文献综述定义了每个构念的范围和意义。其次，将文献综述的结果与来自制造企业的专业人员的访谈信息进行了对比，这些专业人员主要从事供应商的 PSS 解决方案开发，帮助我们完善从文献中获得的量表。在对每个构念中的要素进行定义之后，将问卷单独提交给三名服务化从业人员进行测试，以获得他们对问题清晰度的反馈。在统计分析方法部分，本书先对问卷量表的测量项目进行探索性因子分析，完成后对问卷进行最后的修订。然后通过大样本调查数据对构建的理论研究模型和相关假设进行检验。在考察并确定样本数据在数量上与质量上均符合研究要求的基础上，采用 Amos 和 SPSS 软件对测量量表及分量表进行信度分析、效度分析和多重共线性检验。最后，对本书的模型拟合优度进行检验及测量模型信度、效度检验，将研究结果与研究假设、以往相关研究进行对比分析和讨论。

1.6 研究创新点

（1）诸多研究指出，服务化和信息通信技术是改变制造企业的两个最新趋势。服务化主要集中在为客户增加价值（需求拉动），而信息通信技术通常集中在制造过程（技术推动）中的增加值。尽管一些学者认为下游客户需求价值和上游研发制造价值是互补的关系，但现有文献缺乏关于统合这两种趋势之间的分析。本书通过开发一个概念框架，将商业模式创新视角中的服务化和信息化技术联系起来。该框架基于三个服务水平（即平滑服务、增强服务和替代服务）和三个信息化水平（即低数字化、中等数字化和高水平数字化）。基于数字化水平对三种服务化类型进行匹配，可分为基于三个服务水平的（平滑服务、增强服务和替代服务）人工服务、数字服务和系统集成相关服务。本书还讨论实现这些服务化所需配置的复杂性程度，为探讨服务化与系统集成能力的共同性奠定了基础。

（2）数字技术的兴起大大拓展了企业系统集成功能的应用范围。本书结合资源基础观和系统集成理论，采用三一重工和青岛海尔集团两家核心企业作为案例研究对象，从系统集成能力的角度探究了核心制造企业通过内外价值链整合进行服务化转型的动因，分析了核心企业如何利用工业互联网平台的系统销售和系统集成的两种能力发展服务化转型战略。研究结果显示，作为系统销售商，核心企业的服务化能力形成需要对价值链进行垂直整合，服务化转型战略以产品替代型服务和产品平滑型服务为主，其价值链治理模式将趋向俘获型；作为系统集成商，核心企业的服务化能力形成依赖于对外部价值链网络资源进行协同优化，服务化转型战略以产品加强型服务为主，价值链治理趋势将趋向模块型。

（3）以往的制造企业服务化转型研究大多基于个体公司的角度，制造企业可以通过外部关系获取互补性资源从而增强竞争优势。然而此类研究仅仅回答了服务供应商可以在多大程度上支持产品公司以实现服务化，以及这种服务关系的结果是什么的问题，主要属于理论讨论或定性研究，针对定量研究的理论验证很少。本书应用关系观和资源基础观分析了中小型制造企业与服务供应商的关系对其服务化能力构建的影响，调查结果显示，服务提供、资源基础和活动系统三个业务维度对于制造企业的服务化能力构建非常重要，而对服务供应商的调节效应则视制造商的发展导向而异。当制造商发展产品导向的 PSS 时，供应商关系对制造企业的服务化能力构建能产生正向调节作用；当制造商发展服务导向的 PSS 时，供应商关系对制造企业的服务化能力构建能产生负向调节作用。

第 2 章

制造企业服务化战略转型的商业模式创新分析

制造商不仅以服务化产出创新响应市场需求，同时还需要对新技术和工业互联网进行大力投资，以便在技术变革环境中立于不败之地。服务化和工业互联网都来自不同的研究领域——前者来自管理学，后者来自工程和计算机科学。在很长一段时间内学界将这些问题作为两个分别独立的领域来研究，服务化以客户价值为中心，工业互联网以制造流程的价值为中心。然而，针对服务化和工业互联网的战略决策都会对竞争产生深远影响，鉴于这些考虑因素，出现了两个主要问题。首先，如果两个行业趋势即服务化和工业互联网都推动了商业模式创新，那两者之间是否存在共同的交集？一些学者最近认为这两个概念都是密切相关的。例如，智能产品、数字服务、大规模定制和其他新的价值主张都可以作为需求拉动创新和技术推动创新两类文献中的共同概念（e. g. Ardolino et al. , 2017；Coreynen et al. , 2017；Kamp & Parry, 2017）。其次，如果服务化和工业互联网中存在某种共同之处，那么制造商中的哪种服务可以被视为工业互联网中的一部分呢？换句话说，在属于服务化和工业互联网相关的两者之间存在什么样的解决方案？为了回答这些研究问题，首先需要回顾制造业服务化的概念及其理论根源，其次构建一个概念框架，将基于商业模式创新的服务化和工业互联网联系起来，以识别和讨论它们之间的共同之处。

2.1 制造业服务化理论回顾

2.1.1 制造业服务化的概念及其理论根源

制造业服务最早源于工业营销领域。核心包括两个主要参与者：即通过采购解决方案寻求改善其运营和绩效的客户公司和解决方案提供商（通常是制造企业）。工业营销的开创性研究表明，产品与服务的综合性解决方案的起源可以追溯到20世纪60年代早期的完整型系统销售（Mattson，1973；Hannaford，1976；Page & Siemplenski，1983；Dunn & Thomas，1986），这是一种为客户提供大型工业设备产品和服务的综合性集成系统，这些大型设备都具备高度的资产专用性，系统销售商往往采取垂直整合的形式，提供集成系统中的所有组件。这种系统最初在航空航天和数据处理行业很受欢迎，到了20世纪70年代，在电力、机车等资本货物营销中被广泛采用，以此为客户的运营需求提供解决方案。Davies等（2007）同样指出，以服务为主导的企业战略最早可以追溯到早期的“系统销售”的文献。Mattsson（1973）声称，在系统销售的“纯粹形式”中客户可从一家垂直整合的公司采购到完整的产品和服务组件系统。他还强调即使系统设计可根据个人客户进行调整，但并不包括为每个客户提供量身定制的系统。相反，组件应在某种程度上标准化，并且单独销售。Hannaford（1976）称系统销售为“基于买方的完整性需求功能”所设计实施的产品服务组合。同时，Hannaford（1976）还强化了定制和纯粹的系统销售视角的重要性，认为企业应为客户问题提供“产品和服务解决方案的总包”，系统销售成功的关键是了解供应商和客户的角色将发生显著变化。整体来说，虽然早先的系统销售与现在的服务化解释非常接近，但系统销售的解释重点仍然是从企业内部的产品角度来理解量身定制的系统开发与标准化单独组件之间的兼容性，而不是从企业与外部客户之间的关系来理解服务化。这一分析框架当时在理论探讨上是有效的，但缺乏对现象描述的系统性理论概括。此后 Page 和 Siemplenski（1983）再次以系统销售视角分析了产品系统的标准化和系统营销定制性的关系，并指出，如果系统销售商开发了整套系列的标准化组件，则每种配置都可以是独特的定制解决方案，满足客户需求的解决方案是对基本模块化系统及其标准化组件的个性化调整。他们还认为制造业的产品公司“正在转向系统营销以满足客户更广泛和更复杂的需求”。之后很多年，尽管他们没有进一步扩大这一讨论，但近年已有学者将这种系统解决方案与北欧市场营销学派所强调的企业与客户长期关系研究（Grönroos，2011；Gummesson，1994；Normann，2001）、服务主导逻辑范式研究（Vargo & Lusch，2004）联系起来。因此，系统销售现在不仅是解决客户的运营问题，还是一种基于“解决方案销售”的更具战略性的工业服务营销形式（Davies et al.，2007；Helander & Möller，2008）。

2.1.2　产品主导逻辑与服务主导逻辑的产生

制造业服务化现象在国外学界主要集中在工业营销领域，在该领域形成了两种研究方向：第一种研究方向将服务化视为制造业研究的延伸，这是一种与商品主导（Good－Dominant，G－D）逻辑相关的思维方式（Vargo & Lusch，2004；Vargo et al.，2008）。在产品主导逻辑框架中，服务被认为是物理产品的附加物，并且随着增加更多的服务属性使产品的功能和复杂性增加（Tukker，2004；Baines et al.，2009a）。第二种研究方向，我们称为客户共同创建的服务化，该类研究提出从传统的制造观念转向服务主导（Service－Dominant，S－D）逻辑（Ng et al.，2009；Smith et al.，2014）。服务主导逻辑更加强调客户的情境，侧重于客户在体验或使用企业产品时与企业共同创造价值。在这种视角下，服务化被看作是为公司和客户资源设计服务系统的过程（Spohrer & Maglio，2008）。大量对服务产出结果的研究指出，复杂性更多源于使用环境的异质性，也称为情境多样性（Batista et al.，2013）。就本体论而言，在产品主导逻辑中，价值嵌入物理产品中，由公司创建和“添加”。而在客户共同创建的服务化中，通过企业和客户资源的相互整合，价值是从外部客户的使用效果中得出的。

服务化是一个特定的研究领域，Baines 等（2009a）将其定义为“通过从销售产品转向销售产品服务系统，从而更好地创造共同价值的组织能力和流程的创新”，其中产品服务系统（Product Service System，PSS）被定义为“提供使用价值的集成产品和服务”（Baines et al.，2007）。服务化的前提在于公司从销售实体产品转变为提供解决方案的服务化能力，从而体现了产品从交换价值到使用价值的转变。企业的产品服务转型通常被称为服务化，指的是一个组织从提供纯粹产品到纯粹服务价值主张的转变（Oliva & Kallenburg，2003；Tukker，2004；Gebauer et al.，2005；Pawar et al.，2009）。从这个角度来看，服务活动被视为无形的“附加值”，以支持实体产品在其整个生命周期中的使用，从而使制造商获得更多的收入（Vandermerwe & Rada，1988；Davies，2004）。Tukker（2004）将产品服务系统（PSS）的商业模式分类为产品导向、使用导向和结果导向。此后，Pawar 等（2009）指出，物理产品中增加了复杂性，最终为客户提供解决方案。这种新增的复杂性概念源于组织与服务化转型相关的挑战和文化困境（Neely，2008；Baines et al.，2009a；Martinez et al.，2010；Neely et al.，2011）。未能应对这些挑战可能会导致所谓的服务悖论（Gebauer et al.，2005），即针对服务化产品的设计和交付的投资不能带来预期收益，从而影响公司的盈利和生存能力（Neely，2008）。

传统的服务化研究源于基于产品的系统集成领域，其研究方向主要集中在发展公司原有制造能力的延伸方面。虽然这承认了与客户合作的重要性，但诸如“提供解决方案”等常用术语暗示了客户的被动性角色。随着服务化及其相关挑战的日益突出，一些研究（主要是那些从营销领域进入制造业的研究）开始关注客户的重要性及其使用情境（Heinonen et al.，2010）作为解决潜在服务化悖论的另一种方法（Ng et al.，2008）。越来越多的服务化新型商业模式推动了对客户使用环境的关注，如“按小时供电”，其中设备维修的支付基于使用而非维修。这些领域的研究结论表明，客户能力和资源是未来产品设计中不可或缺的一部分，需要关注包括客户在内的多个利益相关者的服务系统（Ng et al.，2011a；Ng et al.，2011b；Jaakkola & Hakanen，2013）。还有诸多服务化文献提出，企业必须将其能力与客户的能力相结合，发展联合能力，实现共同创造超出物质资产绩效互惠价值（Guo & Ng，2011；Polese et al.，2011；Smith et al.，2012；Barnett et al.，2013）。此类重视客户能力的研究发现了与服务导向逻辑的兼容性（Vargo & Lusch，2004；Vargo & Lusch，2008），它提供了一个替代框架，通过它可以重新理解价值创造来源，将共同创造的价值放在首位。服务主导逻辑提出，服务化是合作中的一方为另一方的利益所应用的技能和知识，双方交换的对象是服务，而不是嵌入产品创造中的效用。

服务主导逻辑在国外学术领域获得了相当大的关注。然而，学界仍存在对其抽象性质的批评，这导致在应用实践中的混淆（O'Shaughnessy & O'Shaugnessy，2009）。目前，越来越多的研究人员关注服务化应用实践理论，即 S－D 逻辑在现实环境中的应用（Brodie et al.，2011），这可能有助于弥合学术界和工业界之间的差距。Brodie 等（2011）提出，服务主导逻辑的 10 个基础前提中的 4 个是该理论发展的核心：即服务是交换的基础；客户始终是价值的共同创造者；所有行动者都是资源整合者；价值创造往往由受益人的独特性和情境性决定。除了前面列出的基础前提之外，还有一个基础前提，即商品是服务化产品的分配机制（Vargo & Lusch，2008）在考虑将 S－D 逻辑应用于服务化时特别重要。换句话说，实体产品可以被视为一种间接的服务化产品（Ng & Briscoe，2012）。当应用到服务化环境中时，公司提供的整体是服务（能力的应用）。因此，公司的服务产品属于应用能力之一，其中实体产品和直接服务活动共同构成了公司支持实现客户期望结果的价值主张（Guo & Ng，2011）。需要特别强调的是，价值共同创造和资源整合表明，客户的能力和使用情境对实现客户预期结果的重要性。因此，在过去 10 年中，研究人员利用 S－D 逻辑研究客户共同创建的服务化，即，如何通过服务系统的概念以及如何在这样的系统中优化公司的价值主张以改进产品使用和体验（Barnett et al.，2013）。

2.2 制造企业服务化转型的商业模式创新动因

2.2.1 服务化市场需求拉动的制造企业商业模式创新

现阶段越来越多的一些制造商正在服务主导逻辑下创新其商业模式。服务化指的是从产品主导逻辑向服务主导逻辑的商业模式的转型过程（Kowalkowski et al.，2017），但产品服务系统（PSS）是指这种转型过程的产出结果：PSS是一系列集成产品和服务，为客户和其他利益相关者提供功能——因为它也可能提供环境效益。诸多研究普遍认为，服务化（以及PSS）为采用产品主导或服务主导商业模式创新的公司带来了战略和竞争优势（Ayala et al.，2018）。制造商主要的服务化挑战之一是确定新的价值主张，这对整个商业模式价值体系结构有明显的影响。内嵌于价值主张中的服务供给可能会有所不同，这意味着不同类型的服务化导向。关于这个问题，一些研究者（e.g. Ayala et al.，2017；Park et al.，2012；Tukker，2004）提出了PSS或服务化类型的不同分类。在本书中，我们遵循Cusumano等（2015）的研究，他们开发了一个框架，用于识别产品公司竞争战略中服务的类型和角色。该研究认为有些服务是对产品的补充，有些则是替代产品。更具体地说，服务分为三大类：第一，平滑服务促进产品销售或使用，而不会显著改变产品功能（例如，融资、维护和基本培训）。它们与产品松散耦合，可由公司或合作伙伴提供；第二，增强型服务与产品相结合，扩展产品功能或为其提供新用途（例如，定制和咨询新用途），他们需要制造公司与客户之间进行更多的知识交流；第三，替代服务取代购买产品，客户主要为其使用付费。这类服务类似于Tukker（2004）提出的使用导向的PSS和结果导向的PSS，以及Baines和Lightfoot（2013）提出的高级服务。

除了考虑不同的服务类型外，制造公司还根据其在行业生命周期中的阶段部署适当的服务。由于与产品和市场相关的高成本和不确定性，增强型服务在行业生命周期的早期阶段更加普遍；随着高成本和不确定性这些条件在行业向成熟期过渡时的减少，平滑服务在行业生命周期的后期阶段获得更多相关性。尽管替代服务可以在早期阶段出现（在极端不确定的情况下），但在成熟阶段，当公司寻求扩大市场以吸引无法负担产品购买的新客户时，它们更为常见（Cusumano et al.，2015）。这些选择还取决于公司的行业环境类型。正如 Visnjic 等（2019）所证明的那样，公司选择在生产标准化产品产业环境中提供产品导向的服务，而在生产非标准化产品的产业环境中则更多地追求以客户为导向的服务。因此，制造商不一定遵循产品服务的连续性，而是同时交替提供各种类型的服务，以应对他们在行业生命周期中面临的挑战和机遇。此外，服务旨在相互补充和相互利用，并扩大产品销售（Salonen et al.，2017）。因此，不同的服务战略会产生不同的服务模式和级别，这反过来又需要适当的商业模式重新配置（Forkmann et al.，2017）。

2.2.2 工业互联网技术推动的制造企业商业模式创新

从理论研究层面来看，目前存在很多与工业互联网相关的概念，如“第四次工业革命”“工业4.0”“智能制造”或“智能工厂”等一些用来描述一种由信息技术和连接性主导的新工业场景的同义词。其他概念如制造网络物理系统（Babiceanu & Seker，2016）、先进制造（Müller et al.，2018；Reynolds & Uygun，2018）、数字化（Oesterreich & Teuteberg，2016）、工业物联网（Rong et al.，2015）这些可能只是部分反映了整个工业互联网的概念特征，但仍然与工业互联网的各种应用密切相关。这些概念大多集中在以整合现代信息和通信技术为基础建立的智能产品和生产过程中，强调现阶段工业发展挑战中的不同方面。基于对这些相关概念的业务角度理解，工业互联网可以定义为制造商在新的工业成熟阶段基于工业物联网提供的物联网通讯，使公司的产品和流程相互关联和集成，以实现客户和公司内部流程的更高价值。这一理解源于 Dalenogare 等（2018）、Frank 等（2019）最近的两项研究。首先，Dalenogare 等（2018）展示了产品开发与工业互联网背景下的制造过程之间的联系，产品开发和制造流程两个维度应该通过数据和信息共享进行整合和协调。其次，Frank 等（2019）提出了一个理解工业互联网的概念框架。工业互联网在应用层面包括许多由新兴技术支持的业务维度（即制造、产品开发、供应链和工作流程）。基础技术允许公司整合不同的流程和活动，并为公司提供人工智能支持。从这个角度来看，制造商的数字化或数字化转型被视为公司从以前的工业阶段转向由这些基础技术支持的互联智能企业时所面临的转型过程。

从现实应用来看，工业互联网在全球各发达国家都有不同程度的实践应用。为建立一个高度灵活的个性化和数字化产品与服务的生产模式，德国的西门子公司推出了基于云平台的 Mind Sphere 物联网操作系统。基于该操作系统，西门子希望帮助客户完成数据的采集、传输、存储、分析及应用。具体来说，底层的云基础设施将与多家云服务商合作，西门子将重点构建操作系统，提供开放的能力接口，一方面吸引行业客户或软件开发者开发更多的工业 App，另一方面将这些 App 推荐给更多的客户使用。客户可以根据自身需求选择相应 App 对工厂运营数据进行分析，实现对生产线的智能控制，如进行预测性设备维护、远程故障诊断、产品追踪等。美国的 Predix 物联网平台是 GE 数据中心上的垂直物联网平台，Predix 是建立在微软的 Azure（IaaS）、亚马逊（IaaS）云计算服务以及运营商网络连接之上的 PaaS 层平台，平台提供端到端的安全连接、进行实时性的设备/资产监控，并在云端提供大数据分析，还能够按行业客户需要，按照 Predix 开发规则进行个性化、定制化的软件开发和部署，向各行业提供设备连接、设备管理、应用开发、数据存储、安全和行业应用等服务。

本书提出的工业互联网集成了两类研究：一类关注内部工业流程的方向，它非常关注智能（或先进）制造（e. g. Babiceanu & Seker，2016；Ivanov et al.，2016；Yin et al.，2017）；另一类旨在为客户增加价值的产品和流程创新（Frank et al.，2019；Wei et al.，2017）。从工业互联网这样一个更广泛的角度来看，公司的数字化意味着超越自身边界的变化，要求产品公司改变与外部参与者、客户互动的方式。此外，与工业互联网相关的技术在本书中的意义是双重的。一方面，它们允许公司通过获取与其行为和产品使用相关的大量数据（例如，通过物联网和大数据分析）来更好地了解哪些价值对客户意味着什么。另一方面，这些先进技术使公司能够更好地为客户提供价值，通过更灵活的产品和服务开发流程（例如，通过增材制造和模拟）快速将外部需求信息与其内部流程（例如，通过水平、垂直系统集成和增材制造）和新客户的需求相结合。因此，工业互联网的应用反映了一种新的工业场景，即今天所知的生产技术发生了革命性的变化。这种新情景需要当前工业和商业模式的重要转型和创新，交互性操作、虚拟化、分散化、实时能力、服务导向和模块化变得势在必行（Saldivar et al.，2015）。

2.2.3　服务化和信息化水平协同的商业模式创新概念模型

图 2－1 介绍了用于构建概念模型框架的理论视角。本书分析两种不同的商业模式创新形式。第一种是信息化水平，代表工业互联网相关技术的实施水平，它体现为信息通信技术推动商业模式的创新，为公司内部流程（例如，降低成本、提高灵活性和生产能力）创造价值（图中从象限 1 到象限 2）。第二种为服务化水平，根据产品公司商业模式创新中不同类型的服务产品和服务化主导水平，体现企业相关的服务化水平。在这种情况下，商业模式创新源于需求拉动创新，其中价值主张源自客户（例如，市场扩张和客户忠诚度）（图中从象限 1 到象限 3）。本书的目标是探索这两个概念之间出现创新协同的情况（工业互联网技术应用和服务化需求），如图 2－1 的象限 4 所示。

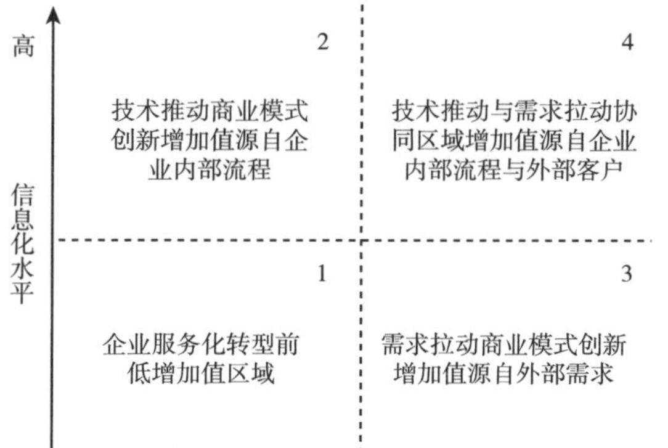

图 2－1　基于信息化和服务化水平的制造企业商业模式创新路径

本书从以下三个方面的目标构建了图 2 - 1 的概念框架：第一，考虑信息化技术维度时对服务化类型进行区分；第二，深入分析战略决策者可能追求的服务化和数字化组合以及对公司实施商业模式创新的影响；第三，探讨制造企业的服务化转型的商业模式创新路径对其战略的影响和存在的挑战。首先解释理论框架的基础概念，其次描述不同的情况和案例，以便更好地解释产品公司中服务化和工业互联网两者协同交互的商业模式创新形式。本书从两个维度来分析框架。第一个维度是服务化水平（沿水平轴），采用了 Cusumano 等（2015）提出的服务类型，包括平滑型、增强型和替代型服务，基于服务主导逻辑，本书假设这些类型代表了制造企业不同的服务水平。第二个维度考虑了嵌入服务中的信息技术水平（沿着垂直轴）。正如在前面解释的那样，在本书的研究中，信息化是企业在逐步采用信息通信技术实现工业互联网提出的网络化、智能化时所面临的转型过程。

根据这一点，本书根据产品公司服务的目的，提出了三大类信息化强度的划分：第一级为人工服务，即信息通信技术在服务产品中的低水平应用。在这种情况下，信息技术仅用作创建客户数据库，用 CRM（客户关系管理）软件管理客户等的支持，但它们本身不提供服务，更多的是人工交付服务。第二级为数字服务，指信息通信技术的中等使用水平。它包括使用数字工具，使制造商能够为客户提供独特的服务。在这种情况下，应用程序、云计算和嵌入式软件等数字技术专用于提供服务，为客户的服务解决方案创造价值。人工服务和数字服务显示，商业模式创新的关键在于实现外部客户需求（客户导向的附加值）。第三级为最高水平的信息化，即工厂集成性服务（或工业互联网应用服务）是可以为客户和公司内部流程提供价值的高科技服务，这也是唯一符合工业互联网最初定义的服务的数字化水平。正如前所述，工业互联网平台的出现意味着制造商进入一个新的工业成熟期，基于工业互联网提供的连通性，使公司的产品和内部制造流程相互关联和集成，从而为客户和制造企业创造价值。从这个意义上说，我们的框架在这个最高级别的信息服务中映射了为制造企业和客户彼此带来价值的服务，为产品企业的外部客户和内部制造过程创造新的互动方法

(Corenen et al., 2017; Rymaszewska et al., 2017; Tukker, 2004; Ulaga & Reinartz, 2011)。因此，本书将制造商商业模式的创新路径配置定位在图 2-1 的第四象限，以此描述内部制造流程与外部客户需求增加值之间的协同。

2.3 服务化和信息化水平的组合配置与复杂性

2.3.1 基于服务化类型和信息化水平的组合配置

当分析概念模型中不同信息化水平和服务化类型之间的不同组合配置时（见图 2-2），本书提出实现两种不同商业模式创新所需的 9 种组合配置和不同复杂性。接下来，我们讨论所有这些组合，讨论它们实现的复杂性。本书给出基于这些服务组合类型的相关文献，且特别关注未充分研究的工业互联网平台的相关服务（高信息化水平）。根据本书的概念框架，首先分析不同信息化水平下的平滑服务配置：第一，人工平滑服务；第二，数字平滑服务；第三，工厂集成平滑服务。

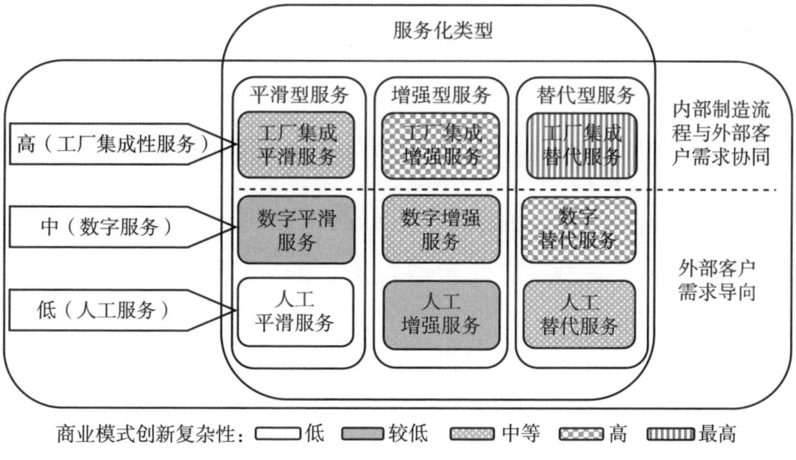

图 2-2 基于服务化与信息化水平的商业模式创新概念框架

从具体的应用实践来看，人工平滑服务并不包含信息化技术的应用，它更接近一般制造商提供的大多数基本服务（例如，技术支持、设备维护/维修，基础培训）。其具体包括一些白色家电如空调、洗碗机、冰箱等（Cusumano et al.，2015）的延长保修合同，还有如IT公司提供的系统在线服务、汽车4S店的保修服务、电商的物流、安装等服务都属于人工平滑服务中的一些例子（Ayala et al.，2017）。其根本特征在于不改变原有产品技术属性的基础上以提高销售为目的而添加的与产品信息化无关的服务活动。第二个阶段为数字平滑服务，此种服务包括产品的互补性服务，通过运用数字技术来提供对产品的技术支持，如应用程序、云计算或嵌入式软件。其根本特征在于不改变原有产品技术属性的基础上以提高销售为目的而添加的与产品信息化有关的服务活动，如Hewlett – Packard和Dell计算机提供的远程产品支持（Cusumano et al.，2015），还有如冰箱、电视机、空调的远程数字控制和软件程序嵌入。平滑服务中最高水平的信息化就是我们所说的工厂集成平滑服务。与人工平滑服务和数字平滑服务不同，工厂集成平滑服务的价值主要集中在客户和内部制造流程上。在这种情况下，平滑服务通过数字技术直接将服务交付给客户，在交付过程中，制造商可以收集数据使服务与制造相结合，以增强生产计划和控制、新产品发布和库存管理等活动，从而成为工业互联网技术应用的一部分。通用汽车提供的OnStar ®远程信息处理服务系统就是一个例子：客户可以使用集成在汽车中系统中的GPS的有关汽车安全、维护和其他服务，同时公司基于客户使用生成的数据以及汽车的实时连接来了解的产品使用情况以实现产品开发改进（Williams，2007）。另一家公司SKF是轴承制造商，开发了一种针对轴承的状态监测技术，以支持其资产效率优化（Grubic，2014）。Porter和Heppelmann（2014）还引用了特斯拉汽车的例子，特斯拉汽车能够连接到制造商系统，实现性能监控、远程服务和升级。同样，银行的自动取款机早期故障迹象也能得到监控，并能预测未来的运营活动。人工平滑、数字平滑和工厂集成的平滑服务这三种组合配置可以在图2 – 1中定位为技术推动商业模式创新（象限1和象限2）

在概念框架中分析的第二类服务是增强型服务：第一，人工增强服务；

第二，数字增强型服务；第三，工厂集成性增强服务。从较低的信息化水平考虑我们称其为人工增强型服务的问题，表明很少或根本没有使用信息化技术。例如，制造商如通用电气可能会对发电机和核反应堆进行改造，以便在极端天气条件下使用（Cusumano et al.，2015）。Ayala 等（2017）也提供了一个例子，即很多电信公司将重点从为电信运营商开发硬件转移到硬件使用优化的工程服务。人工增强服务的根本特征在于将与产品信息化无关的服务活动作为互补功能嵌入原有产品中，以进一步完善原有产品的技术属性和使用功能。第二个阶段，中等信息化水平包括数字增强服务，数字技术为新产品应用提供互补性的服务。例如，青岛红领的服装个性化定制服务，将制造商和顾客置于同一个电商平台上，顾客提出个性化需求，驱动工厂根据需求生产相应的产品满足顾客需求。在快速收集顾客分散、个性化需求数据的同时，消除传统中间流通环节导致的信息不对称和种种代理成本，从而降低交易成本。另外值得提及的案例是欧洲机器人制造商ABB，该公司通过网络连接和大数据分析，将重点从单纯开发和销售机器人转变为监控和优化客户车间的服务（Krueger et al.，2015）。数字增强服务的根本特征在于将与产品信息化有关的服务活动作为互补功能嵌入原有产品中，以进一步完善原有产品的技术属性和使用功能。最后一个阶段是高度信息化，其焦点在于实现工厂内部和外部客户需求的整合，以满足工业互联网对客户价值和内部制造流程创造价值的要求。所谓的工厂一体化增强型服务就是这种情况。以 ABB 公司的机器人为例，该公司不仅使用收集的数据以监测和优化外部使用客户的流程，而且还调整和改进了自身产品功能和生产计划，这意味该企业就进入了高度数字化阶段（Krueger et al.，2015）。换言之，ABB 可以同时为客户和内部流程生成价值。又如我国的“COSMOPlat”不仅是青岛海尔集团打造的具有自主知识产权的工业互联网平台，也是全国首批智能制造试点示范企业，作为物联网范式下用户全流程参与的平台，COSMOPlat 通过智能化系统使用户持续、深度参与到产品设计研发、生产制造、物流配送、迭代升级等环节，以网络化平台的形式连接八大互联工厂实现产品研发交互和协同制造，继而组织活动流程和分配工单，满足用户个性化定制需求服务，最终实现服务型制造与价值共创“共赢”。还有如采矿设备制造商 Joy Global，该公司通过监控整个设备车队的运行条件、安全参数和预测性服务指标来关注外部客户和内部流程所能实现的价值，并监控不同国家多个矿场的运行参数，以便进行基准测试（Porter & Heppelmann，2014）。在这种情况下，通过智能产品收集的数据用于优化服务以及产品和生产工艺的规划和控制。人工、数字和工厂集成这三种配置的增强型服务，可以在图 2 – 3 中定位为高技术推动创新和适度市场拉动创新之间的交集（象限 1、象限 3，象限 2、象限 4 的交叉部分），因为技术的逐步增加使产品公司产生了一定的服务化主导性。在这种情况下，整体来看，增强型服务涉及的仍然只是中等的服务化，因为服务本身仍然是以产品为导向而不是以客户为导向（Ayala et al.，2017）。换句话说，我们在产品中找到了增强性，但它仍然局限于产品的初始配置条件。

概念框架中的最后一类服务是替代服务：第一，人工替代服务；第二，数字替代服务；第三，工厂集成替代服务。第一阶段是人工替代服务，包括不涉及或涉及较少数字技术的纯替代服务。人工替代服务最典型的即为融资租赁公司，大多数传统的按次付费服务可能属于这种租赁服务。例如，戴姆勒公司通过梅赛德斯—奔驰（Mercedes – Benzs）汽车租赁服务，使其产品模式多元化。另一个例子是福特，它正在投资巴士穿梭公司以及自行车共享倡议，以使他们的运输解决方案多样化（Williams，2007）。这两家公司都在投资组合中加入了纯替代服务，因为它们将产品作为一项服务，以增加客户价值为重点。这些解决方案的数字技术含量较低，因为其商业模式主要关注客户为产品使用付费的方式。由于不涉及产权交易，产品的使用权作为服务直接替代了产品本身，服务直接以客户需求为导向，它在一定程度上突破了产品的初始配置条件，服务导向开始占据企业产出的主导。人工替代服务的根本特征在于将不涉及信息化或信息化程度较低的服务活动而非物理产品，作为公司的产出直接交付给客户，以此降低企业的标准化生产规模和边际成本。当这种按次付费的租赁模式得到数字工具的大力支持时，就会出现数字替代服务。最明显的是共享经济，得益于移动互联网的成熟，软件运营商通过整合线下的闲散物品或服务者，让他们以较低的价格提供产品或服务。对于供给方来说，通过在特定时间内让渡物品的使用权或提供服务，来获得一定的金钱回报；对需求方而言，不直接拥有物品的所有权，而是通过租、借等共享的方式使用物品。例如，国内的共享单车摩拜、网约车滴滴打车，还有国外的Airbnb住宿共享、Uber网约车、戴姆勒公司的Car - to - Go ®系统，这些公司都提供基于数字技术的替代服务（Belk，2014）。戴姆勒公司的汽车共享服务包括在主要城市中心的按使用付费系统中提供戴姆勒的智能汽车模型。通过使用应用程序、电子身份识别、GPS和许多其他服务，客户可以轻松访问停放在城市不同位置的汽车。在这种情况下，数字替代服务的重点是为外部客户创造价值。最后一种类型，即工厂集成的替代服务，侧重于制造过程的反馈，旨在为内部过程提供价值。例如，戴姆勒公司的Car to Go系统（Belk，2014）使用服务操作信息不仅是为了改善服务质量，甚至是为了改善产品规划和控制。此类服务还有轮胎公司Michelin，该公司提供了一种按公里付费的解决方案，其中包括安装在车辆（即卡车和轿车）中的传感器和设备，用于传输如总公里数、燃料消耗量、温度和轮胎压力等信息（Gebauer et al.，2017）。数据反馈它们自己的流程，并且还用于在广泛的领域开发新的解决方案，如外包轮胎管理、车辆生产率和燃料效率，这一应用在汽车后市场领域尤为明显。又如我国工程设备企业三一重工的“树根互联”平台基于工业云可以向客户直接交付产品的设备运行监测、能耗管理、故障维护等多种服务，在此过程中，企业与用户可基于平台实现高强度的互动，产品服务价值的实现不再以买卖交易为唯一条件，由此便衍生出以工业大数据为基础的租赁、共享、金融相关的产品商业模式创新，三一重工与久隆保险合作推出的UBI挖机延保产品数据平台，明确适合开展业务的机器类型，指导保险对每一档进行精准定价，且大数据金融服务相比传统的融资租赁，有着更高的科学性和预测性。在工厂集成替代服务的两个示例中，服务的价值是针对外部客户需求和制造商内部流程优化，而客户只需要为产品产生的结果即服务化水平付费。必须指出的是，最后一个类别，即替代型服务是唯一一个追求工业互联网应用的全部价值的服务类别。这种服务化先是从强大的技术推动，然后发展到需求拉动（高服务水平）和技术推动（高信息化技术水平）两者的融合创新推动。人工替代、数字替代和工厂集成服务三种组合配置，可以在图 2－3 中象限 3 和象限 4 中定位。

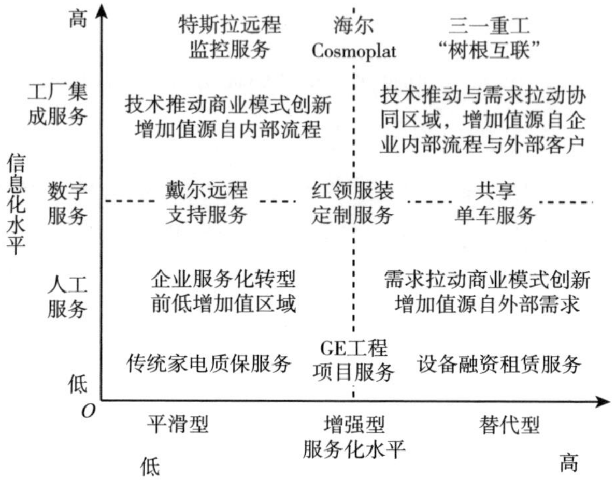

图 2－3　基于信息化与服务化类型的配置组合及示例

2.3.2　服务化类型和信息化水平组合配置的业务复杂性

图 2－2 提出的框架区分了顾客需求导向与兼具内部流程、客户需求导向的商业模式创新实施的复杂程度（即同时专注于技术推动和需求拉动的创新）：从最低的人工平滑型服务到最高的工厂集成替代服务的不同程度的复杂性。从服务化方面来看，若从商业模式创新的角度理解复杂性，包括该商业模式所涉及的价值结构性元素以及商业模式的每个元素应该改变的程度，这是制造企业为实施不同配置组合的服务化产品类型而必须经过的路径。若从数字化方面来理解复杂性，这涉及了具体执行信息化技术的先进性水平，则需要更专业的知识来实现和使用这种技术。

首先，从服务化产品类型来看，探讨相应的服务化水平以及他们所要求的商业模式变化的必要性。当公司从平滑服务转向增强性服务，最后再转向替代型服务战略时，发展这种商业模式创新的路径所需的变革会逐渐复杂化。在这个意义上，我们将 Cusumano 等（2015）的服务化产品分类与其他分类标准综合，如 Tukker（2004）、Baines 和 Lightfoot（2013），他们都认为产品公司采用完全的服务化作为创新商业模式，会导致商业模式创新流程会变得更加复杂。这种日益增加的复杂性是源于不同商业模式元素之间存在的互补性（Foss & Saebi，2017）：尽管服务化直接涉及了商业模式价值主张的变化，即价值创造机制的变革，但服务化的全面实施需要制造商改变并调整其价值交付和捕获机制（Fliess & Lexutt，2019；Sousa & da Silveira，2017；Tukker，2015）。

平滑服务复杂性最低，即使包含这些附加服务，公司的商业模式仍主要是销售产品导向。因此，这个过程可以很容易地外包给服务供应商。例如，汽车制造商的维护保修服务就是这种情况，这些服务主要由 4S 店等汽车经销商提供。增强型服务意味着制造商的商业模式创新的复杂性增加，因为增强型服务要求商业模式的资源和能力发生重大变化，例如，对 GE 公司而言，它可能需要工程团队的高度灵活性；对青岛红领而言，它涉及了对消费需求的敏锐感知和生产能力；对青岛海尔 Cosmoplat 而言，它不仅涉及了对终端需求的感知，还包括基于供应商的协同管理的生产流程的优化。当上述公司将重点从大规模生产转变为定制的产品服务系统时，它也对价值捕获维度产生了变化。最后一种类型的服务产品，替代型服务显示了有关商业模式创新流程实施的最高复杂性，因为它迫使产品公司整体上采用结果导向的商业模式。这种情况的复杂性由于普遍的范式变化，客户和公司都改变了他们互动的方式，其中价值嵌入服务产品中而不仅仅是物理产品中。在前面两种（平滑和增强）服务产品中，产品公司仍然遵循产品主导逻辑，在最后一种替代服务的情况下，产品公司必须将其思维方式和整体定位改变为服务主导逻辑。此外，替代服务的复杂性也更高，因为企业的业务收入来源也发生了根本性的变化，面对这种创新的服务化模型要求公司的营销和财务重组（Baines et al.，2017；Oliveira et al.，2018）。

另外，技术推动为商业模式创新实施提供了更简单直观的复杂动因。首先，分析服务产品中几乎没有数字化技术的情况。当服务变得趋于数字化时，通过使用应用程序、软件、物联网等来增加适度的数字化水平：在这种情况下，复杂性增加。因为产品公司不一定擅长开发数字解决方案，制造商需要开发一种新的、不同的知识和能力禀赋，这可能具有挑战性（Ayala et al.，2017）。最后一个复杂程度是将服务集成在工厂内部流程中，这是服务化与工业互联网最高信息化水平的融合，通过整合源自服务产品收集的数据以实现内部活动的改进和制造过程的适应。技术层面的商业模式创新需要新的数字化能力，如传感器、云计算和大数据分析，因为这些解决方案代表了数字时代的新竞争知识。在这种情况下，服务和技术能力都不够用：需要通过网络连接能力将数字服务解决方案集成到工厂流程中。此外，与云计算和大数据相关的分析能力是必要的（Ardolino et al.，2017；Coreynen et al.，2017；Kamp & Parry，2017；Opresnik & Taisch，2015）。考虑到商业模式创新复杂性的两个方面，外部客户导向到内部制造流程与外部客户导向协同，商业模式创新路径将日益复杂，其中最复杂的层面是商业模式创新专注于工厂集成的替代服务，因为它的目标是实现内部制造过程的高商业价值，同时也为客户提供高附加值；这种共存或融合对所有产品公司商业模式中的价值创造、价值交付和价值捕获具有普遍而深刻的影响。

2.4 研究命题的提出

本书提出的概念框架为现存的服务化和工业互联研究提供了一个统一的视角。首先，先前对该主题的研究主要致力于研究服务化的信息化，即数字技术在产品公司中的服务产品的逐步应用，但此类研究较为局限，而关于工业互联网的相关概念仅停留在工程意义上的讨论。现有研究探讨的是在服务化背景下的信息技术如何只为客户增加价值，而他们可以为公司的内部流程带来的收益被忽略。关于该主题的相关工作是来自 Coreynen 等（2017）的研究，他们提出了数字工具推动的三种主要的服务化途径：工业服务化、商业服务化和价值服务化。其中一些支持前端或后端数字化，或两者都支持。然而，在这三种情况下，人们都非常关注数字工具如何增强客户增值，而没有对流程增值进行讨论，甚至后端数字化只考虑它如何有助于更好地实现服务产品的交付。这意味着前端和后端的数字化都从需求观的角度考虑。在我们的框架中，Coreynen 等（2017）提出的分类属于数字服务级别，是分析工业互联网服务的基础。本书遵循了 Kamp 等（2017）和 Rymaszewska 等（2017）关于数字服务为公司内部流程创造回报的研究。Kamp 等（2017）考虑了内部流程的数字化如何有助于智能网络制造系统的创建；Rymaszewska 等（2017）分析了公司价值链的效率提升。其他研究方向，例如，在 Porter 和 Heppelmann（2014）针对智能产品的研究中，也间接地分析了数字服务如何为公司内部流程创造价值，但是，这些文献没有明确区分服务类型，把数字工具服务和产品服务内容集中在一起。本书的概念框架也与此类研究相关联，基于本书框架，提出以下研究命题：

命题 1：从外部客户和内部流程来看，与工业互联网相关的服务具有双重的增加值范围，基于信息化水平的产品服务化可以弥合以往客户和内部流程价值创造之间的背离。

现存的文献清楚地显示了关于信息化技术作为制造企业重要创新驱动因素的作用的共识。在这方面，本书提供了一些例子帮助理解在服务化和工业互联网创新路径中涉及的信息化和服务类型的水平：但是，本书没有加深对特定技术的不同作用的讨论。例如，其他先前的研究已涉及数字技术和工业互联网相关信息技术的许多细节。本书的观点遵循 Ardolino 等（2017）和 Frank 等（2019）最近对用于服务化的核心数字技术的分析，即物联网是任何数字服务的基础，其次是云计算和数据预测分析。事实上，这种数字技术是实现工业化和服务化融合的基本工具，因为它们允许向客户提供数字解决方案，同时收集客户交互产生的数据，以创建改进公司制造或工程内部流程的预测能力。Ardolino 等（2017）的研究还提出了整套的数字功能，这些功能对于提供工业互联网相关的服务是必要的。然而，未来还需要朝这个方向努力，因为现有研究还不能根据公司提供的服务类型进行详细解释。考虑到这种解释对促进服务化和工业互联网商业模式创新所需的工具和能力产生更广泛的理解，基于此，本书提出：

命题2：与工业互联网应用相关的服务需要信息化集成技术，即如物联网，云计算和数据分析工具的支持，这些技术可以促进客户需求和内部流程增值两者协同的商业模式创新。

就制造商内部流程价值而言，Kamp 等（2017）强调了其中一些获益和收益，并通过从现场质量控制到提高制造效率，更清晰地了解供应链的需求和能力。制造商可以通过发布较小的变更缩短产品提前期，从而减少对产品工程活动的影响（Rymaszewska et al.，2017）。Grubic（2014）强调了这种整合带来的另一种价值："服务化的重点在于从客户到制造商的风险转移。通过提供有关现场产品当前和预测健康状况的实时信息，远程监控技术可以缓解部分风险"。这些文献集中于服务在销售中产生的额外利润（Suarez et al.，2013）。此外，在分析基于工业互联网相关服务实现客户与内部流程之间的整合时，还应评估服务化和工业互联网的融合能否降低制造和工程内部成本，或提高制造生产率、灵活性。这意味着基于内部制造流程和外部客户需求的商业模式创新也为服务化绩效的文献带来了新的视角。因此，本书提出第三个命题：

命题3：当服务和信息化战略集中于工业互联网的相关应用服务时，制造内部流程可从外部产品服务中获得与价值相关的改进和收益，从而产生内部收益，如降低成本、提高生产率和增加灵活性。

2.5 本章小结

基于需求拉动的服务化和基于技术推动的工业互联网通过服务化转型创新商业模式，当信息化技术用于将服务与工厂集成以实现服务化转型时，可以找到创新的协同融合，产品公司可以从服务化和工业互联网应用中受益。外部需求拉动和内部创新推动这两种形式的商业模式创新之间的整合水平具有为外部客户和内部公司的流程提供价值的特征（例如，缩短上市时间、生产规划和控制），而以往文献中最常用的其他类型的数字服务主要只关注客户的价值创造。本书认为，服务可以为客户带来价值，同时客户也可以成为数据和信息收集的渠道，旨在培养能够实现内部改进的业务反馈。因此，本书提出了一个概念框架，将人工服务、数字服务和工厂集成应用相关服务进行分类，这反映了协同内部制造流程和外部客户需求的商业模式创新的复杂程度差异性。

第 3 章

基于系统集成能力的制造业核心企业服务化能力形成与价值链治理

从价值链来看，目前很多大型制造企业的边界正在发生变化，原有的制造企业的辅助性服务如培训、融资、咨询、维修、物流等逐渐向企业内部的设计、采购、研发和生产的价值链扩展，服务的对象不再局限于企业部门，而是深入内部的制造流程和外部的应用场景中，针对产品的整个生命周期提供嵌入式的服务，服务不仅扩展了产品的功能，在某些应用场景中服务甚至替代了产品。然而目前研究尚不清楚制造商如何实现产品服务集成和交付，制造企业如何超越基本产品相关服务转向具有差异化竞争力的更先进产品（Antioco et al.，2008）。还有人指出，产品制造商实施服务化战略并不意味着制造型企业向服务型企业的单向过渡，而是一种制造与服务化战略之间的微观的平衡行为，在此过程中将会创造出更有竞争力的商业模式（Windahl & Lakemond，2010）。

系统集成代表了现代高科技制造企业的核心能力（Hobday et al.，2005）。Wise 和 Baumgartner（1999）指出，集成解决方案供应商 Nokia 正在构建其制造能力，通过提供产品和服务的集成包向价值链的下游渗透，垂直整合常被视为企业重新配置所需资源和能力的一种方式（Huikkola et al.，2016）。类似地，IBM 首席执行官路易斯·郭特纳在 1993 年执行了一项垂直整合战略，将 IBM 转变为一组独立的零部件供应商，专注于为客户的计算和服务需求提供完整的集成解决方案（Gerstner，2002）。就价值获取而言，制造商的服务化实施依赖于其所在供应链的垂直整合（Schmenner，2009）。制造商通过垂直整合子系统的设计和生产能力，提高高级服务合同的交付效率，确保了制造商响应的速度和有效性，最大限度地降低了成本（Tim Baines，2011）。在服务型制造商直接控制下，许多大型资本品厂商基于制造领域的核心能力逐渐向下游提供产品生命周期内所附加的分销、运营、金融和维修服务（Wise & Baumgartner，1999；Davies，2004），一些向价值链下游移动的制造商绩效甚至高于停留在上游的企业。然而，随之而来的问题是，这种垂直整合下的制造业核心企业服务化转型对其价值链治理会产生何种影响？同时，考虑到物联网技术的兴起，上游制造企业可以通过智能互联产品重新控制与终端客户的沟通渠道，下游经销商和中介的作用逐渐被削弱，在这种背景下，就企业能力而言，不同制造行业的核心企业该如何利用系统集成来开发内部与外部能力，同时该选择支持何种服务化转型战略？目前国内学界尚未进行全面深入分析，有关制造业服务化的战略研究尚停留在企业内部（胡查平等，2016；简兆权等，2011），缺乏对不同行业企业的服务化能力来源的分析和梳理，对于制造业服务化战略转型研究的理论解释还较为单薄（李靖华等，2017；王宗水等，2018；胡查平等，2018），且大多集中在服务导向逻辑理论本身。事实上，服务主导逻辑的解释过于抽象，它并不能直接用于分析企业的服务化战略，不仅难以从价值创造上对服务化与产品创新之间复杂关系进行具体分析，也不能从根源上解释企业实施服务化战略的能力是如何实现的。尤其是考虑到现阶段数字化技术兴起对于企业系统集成能力、行业垂直整合的影响，这不仅加剧了供应链上下游权力结构关系复杂性，也直接影响了制造业核心企业的价值链治理模式。针对上述问题，本章试图以系统集成能力为理论框架，通过三一重工和青岛海尔集团两家核心企业案例为研究方法，从战略角度揭示基于系统集成能力的工业互联网平台对制造业核心企业服务化战略转型的影响机理，分析服务化战略转型时期不同制造行业中核心企业的战略选择、服务化能力获取和价值链治理模式，同时对比两家制造业核心的服务化发展路径的相似性和差异性，为我国大型制造企业服务化转型的战略决策提供政策建议。

3.1 基于系统集成能力的制造业服务化

3.1.1 系统集成能力的内涵

就资源基础观而言，企业系统集成能力不仅是一项操作或技术任务，而且是企业资源动态配置的一种表现，系统集成能力对于企业更广泛的产品竞争战略以及企业在本行业不同时期内的价值流中所处的特定地位至关重要。Michael Hobday 等（2005）认为制造企业的系统集成能力在战略上具有两层含义，第一层是在产品创新层面上，系统集成是企业实施新产品引进和研发的一种技术能力，系统集成商需要能够设想和生产新产品架构和新产品系列所需的动态能力，明白如何集成整合来自其他组织的产品组件，技能、知识，以及自身研发新产品的各项活动，以此生产更复杂的产品和服务，如作为手机品牌的小米公司，该企业自身几乎不生产手机零部件，而是采用互联网模式开发手机操作系统、发烧友参与开发改进的模式，目前小米已经建成了全球最大消费类 IoT 系统，连接超过 1 亿台智能终端设备；第二层是在价值链层面上，系统集成能力是一种影响企业价值链定位，竞争、合作的特殊能力，系统集成商通过市场竞争和垂直整合来提供产品和系统，从而部署有目的的策略来创建生产网络，使系统集成商在产品生命周期的不同阶段获得外包或垂直集成的优势。例如，特斯拉就打破了汽车行业的惯例，直接向消费者销售汽车，而不依赖于传统的分销网络，汽车的修理维护服务都由特斯拉负责，通过每辆汽车零部件的软件和传感器的集成系统监控汽车运行状态（Porter & Heppelmann，2014）。就价值链而言，系统集成是一种深思熟虑后的“战略性业务活动”，有助于公司塑造“他们在行业价值流中的战略定位”，以及“系统集成商关键角色之一是利用其他公司的技术能力”（Hobday et al.，2005）。

系统集成是一种复杂产品系统（complex product systems），传统的系统集成商强调的是动态的技术整合能力及其相应的价值链定位问题，产品链与价值链两者基本保持统一，但主要集中在大型资本品行业，每个产品系统都具备一定的定制化特点，标准化、模块化和外包的规模都较小。现阶段，随着数字技术应用的兴起，硬件和软件结合的综合性解决方案一方面提高了产品系统的复杂性，另一方面也使产品链与价值链开始分离，两者都呈现出一定的网状化和动态性。例如，由于个人计算机的模块化技术架构，计算机行业从“垂直”架构演变为“水平”架构。以专用或“网络化”为特征的行业架构反映了产品/技术架构，这些架构体现了组件技术之间明确规定的接口或高度“模块化”。模块化将创新焦点转移到组件或子系统级别。在高度模块化的环境中，核心制造商的系统集成能力决定了其创造租金的水平和价值链影响力，这时核心制造企业如何利用其系统集成能力，为不同客户提供个性化的产品服务组合包，以及如何利用供应链网络协调外部供应商的生产研发能力变得至关重要。

随着IT与OT的融合，制造业核心企业基于系统集成的供应链网络管理能力变得越加智能和敏捷，工厂正在向生产与运营的集成管控靠近。通过网络化平台组织生产经营活动，制造企业能够实现资源快速整合利用，低成本快速响应市场需求，催生个性化定制、网络化协同等新模式新业态（中国工业互联网产业联盟，2017）。必须指出的是，系统集成解决方案的趋势兴起并不意味着核心制造企业正在从生产向服务统一进军，更多的是寻求对产品与服务两者之间的平衡。在现实中，以大型机械自动化设备为代表的资本货物系统集成商开始向下游转移，提供服务密集型产品系统，以扩大收入提高盈利能力。相比之下，以手机、家电等大批量组件和消费品为代表的生产商逐渐用系统集成功能来提高与上游供应商的生产协作关系，以此实现下游消费者的个性化定制服务。正如Davies（2004）所说的，通过系统集成向价值链下游和上游两个位置转移，制造商试图捕捉制造业和服务业之间的更高价值区域。

3.1.2　制造业核心企业服务化能力形成及其价值链治理

近二十年来，行业模块化和开放标准的趋势增加了制造企业专注于组件供应和系统集成的可能性（Davies et al.，2007），新服务的开发和部署是否成功也与公司在服务价值链上的控制程度有关（Raynor & Christensen，2002）。从系统集成能力的发展轨迹来看，有学者声称可以将集成解决方案理解为制造商的垂直一体化战略，其目的在于实现从产品到服务的前向整合（Wise & Baumgartner，1999；Oliva & Kallenberg，2003）。在某种程度上，作为系统集成商的核心企业代表了市场的“可见之手”，使市场能够实现更专业化分工和价值链的整合（Chesbrough，2003；Dosi et al.，2003；Pavitt，2003）。一方面以垂直分离深化技术分工，促进中间品市场的增长以及更专业化的公司出现；另一方面增加和更有效的集成也可以提高企业生产率。“使他们能够决定与谁竞争，与谁合作，什么业务本企业做，什么业务外包”（Hobday，2005）。目前许多核心制造商已建立了价值链垂直整合下不同阶段的服务化竞争优势（Davies，2004；Wise & Baumgartner，1999）。Davies（2004）以“系统集成”和“系统销售”的概念初步揭示了组织服务化能力的来源，之后 Davies 等（2007）又提出了两种理想类型的系统集成商来开发产品服务解决方案：（1）生产所有产品和服务组件的垂直集成系统销售商（以下简称“系统销售商”）；（2）协调其他公司的组件集成的系统集成商（以下简称“系统集成商”）。严格意义上，并不存在纯粹的“系统销售”和“系统集成”，在实践中企业会根据自身资源基础同时实施两者。前者强调利用价值链上垂直一体化的集成优势以降低总的交易成本，后者强调利用价值链上产品和服务组件专业化分工的优势提供更个性化的产品服务包，两者的比较和特点如表 3－1 所示。

表 3－1　理想型系统销售商与系统集成商的比较

理想型系统销售商	理想型系统集成商
全面控制系统中所有组件	外包组件总集成
标准化组件和专有接口（专有标准）	模块化组件和标准化接口（“开放式”行业标准）
从价值链上游产品向下游垂直整合	在系统和组件层面的专业化分工
降低交易成本和内部定价	比较外部组件的市场价格
协调内部单位和部门	构建本企业与外部分包商合作网络
围绕产品和研发能力提供绩效合约	围绕客户需求提供个性化产品服务
服务化能力主要源于内部整合	服务化能力主要源于内部与外部的协作

Gereffi 等（2005）指出，价值链治理是一种权力结构的制度性安排。当资产专用性和不确定性较低且交易相对频繁时，交易最好由市场管理，并且与供应商保持一臂之隔（Arm's length）的关系，相反，资产专用性和不确定性较高则很可能导致核心制造商将其内部化。从理想型系统销售商来看，由于核心制造商作为系统销售商全面控制了系统中所有组件的生产制造，负责整个系统设计、接口和组件规范、组件集成等业务，且具备专有的接口和标准组件，从而降低了组织间的协作成本，故其服务化能力主要源于内部的研发制造端，制造商通过产品复杂系统向价值链上端延伸，并基于垂直集成直接向客户提供完整的产品服务组件系统和全生命周期内的维护服务，行业的整体性架构将创新和租金占用的路径转移到系统的级别。在组件或子系统之间高度相互依赖的情况下，供应商在组件一级的创新变得更加困难。此外，组件级别的创新者面临独占风险，因为系统销售商有权设置接口协议并决定采用哪些创新、不采用哪些创新。这种事后讨价还价能力为系统销售商创造了准租金的来源。在此条件下，价值链下游的经销商和中介的作用将被边缘化，且供应商对于核心制造商的依赖将加深。

从理想型系统集成商来看，核心制造商既是系统集成商也是主承包商，负责外部提供的产品和服务组件设计并将其集成到客户特定的解决方案中，其服务化能力主要源于产品组件供应的专业化和模块化优势、接口标准化的便利性，以及对不同供应商技术和产品的选择和集成。这种方法强调以开发解决方案为中心的外部网络合作伙伴的管理能力（Windahl & Lakemond, 2006; Davies et al., 2007），使企业能够专注现有的核心能力，也可以利用的外部提供的优质资源来开发服务组件。在此条件下，核心企业的系统集成能力是基于对外部市场需求变动的快速反应，在高度模块化的环境中，核心制造商与外部网络的合作关系是供应链绩效和价值创造的重要决定因素，模块化制造提高了价值链上游供应商对价值链的控制力，同时标准化接口形成的大量个性化产品与服务组合包也需要下游经销商对于市场需求的敏锐捕捉能力。

交易的复杂程度、知识的可编码性和供应商能力是影响全球价值链治理模式的重要变量（Gereffi et al.，1999）。交易的复杂性间接反映了价值链中整体的资产专用性程度，意味着核心企业对价值链垂直整合所需的资源能力范围，知识的可编码性体现了核心企业与供应商之间进行知识共享和转移的效率，而这一效率不仅影响供应商原有的知识基础，更会影响核心企业业务边界范围；供应商能力关系着其与制造商相关业务进行外包合作的可能性，而外包程度的高低又会直接影响价值链中供应商与核心制造商之间权力结构和资源依赖关系。从价值链来看，核心制造企业服务化能力是通过产品复杂系统向上下游两端延伸的结果，且制造企业对产品系统的依赖性也将不断扩大其系统集成能力，使制造商能够将其硬件产品和软件打包作为服务性产品系统为客户提供长期解决方案，在服务化能力形成的过程中产生的如生产研发与信息通信技术的融合性、供应链上不同行业间知识的异质性、价值链上经销商与制造商，供应商之间的依赖关系等因素恰恰验证了 Gereffi 等（1999）所指出的，交易的复杂程度、知识的可编码性和供应商能力三者对于价值链治理模式的深刻影响，具体如表 3－2 所示。

表 3－2　基于系统集成能力的核心制造商服务化转型价值链治理对比

类型	交易的复杂性	知识可编码性	供应商的能力	权力的不对称程度	价值链治理模式倾向
理想型系统销售商	高	高	低	高	俘获型
理想型系统集成商	高	高	高	低	模块型

3.1.3　工业互联网的系统集成能力与核心企业服务化转型战略

传统的维修、培训和咨询等基本服务是制造企业参与竞争所需的核心技能和资源（Matthyssens & Vandenbempt，2008），但它们只充当了市场的进入壁垒，没有提供可持续的竞争优势来源。产品平台使制造企业能够通过产品模块化来开发效率和定制化（Bask et al.，2010）。平台模式是模块化体系结构的核心，它使公司能够开发以易于互换的模块为特征的广泛产品组合（Meyer & Lehnerd，1997）。从这个意义上讲，平台方法可以看作是一种组织业务视角，可以利用基于模块化和基于 IT 的交互来利用数字技术的价值（Thomas et al.，2014）。有文献分析了互联网平台如何使组织通过模块化和责任分配来实现灵活性（Gawer & Cusumano，2014；Thomas et al.，2014）。平台使活动可以通过利用价值共同创造的方式在不同参与者之间进行协调（Thomas et al.，2014）。更具体地，平台促进了互动，并允许公司根据每个参与者的竞争优势来分配协调。例如，汽车和电子行业的制造商已经基于一个通用的内部平台开发了一系列产品。同样，服务制造商也将产品平台模块化逻辑扩展到扩展其服务业务中（Pekkarinen & Ulkuniemi，2008）。但是，服务的无形性以及产品和服务模块的混合体系结构增加了利用平台方法的复杂性，并可能导致高成本。在服务化的制造商中，后端（例如，研发部门）和前端（例如，市场和销售部门）之间的协调代表了实施服务的关键方面（Silvestro & Lustrato，2015）。得益于其产业链控制力和影响力，核心制造企业具备发展平台服务的资源基础和能力。工业互联网是新一代信息通信技术与现代制造业深度融合的信息化技术产物。2017 年 11 月，国务院印发的《关于深化“互联网 + 先进制造业”发展工业互联网的指导意见》，为我国制造业转型升级指明了方向。作为数字服务在工业应用的实践载体，工业互联网平台是一种基于海量数据采集、汇聚、分析的工业云集成系统，该集成系统中的工业场景应用整合了研发设计、生产制造、仓储物流、经营销售等各个价值链环节的资源，解决方案包括工业现场的生产过程优化、企业管理的运营决策优化、企业间协同的资源配置优化、产品全生命周期的管理服务优化（中国工业互联网产业联盟，2017）。目前应用较多的工业云平台处于 IT 范畴，指的是端到端的业务流程，其中包括 ERP 系统和 CRM 系统、供应链管理、物流、人力资源和财务系统等，OT 层主要针对工厂运营过程中的工业设备的监测和管控，硬件包括机器、控制器、传感器和执行器软件，如 PLC（可编程逻辑控制器）、DCS（集散工控系统）、FCS（现场总线控制系统）等设备系统。而工业互联网平台是基于 IT 与 OT 的融合，IT 层往外部业务层上升，通过集成不同的模块和部件研发制造产品，OT 层下沉至工厂生产场景，通过产品、服务和信息模块建立和协同与平台业务相关的活动，以此将自身的价值链向研发制造端和销售运营两端延伸，从而为客户提供更完整的解决方案。

就系统集成的角度而言，工业互联网平台综合了垂直型系统销售和外部组件型系统集成的两种要素提供产品服务解决方案，核心制造商可以根据其行业特征选择作为系统销售商将 IT 层业务（前端业务）下沉，通过向客户提供绩效合同服务以此降低工厂运营成本，或者选择作为系统集成商将 OT 层的研发制造流程（后端业务）在工业云上与供应商、客户共同交互，实现产品部件的协同化设计和个性化定制。从第 2 章的论述来看，制造商 IT 层业务往往是基于用户场景的情境化需求，是一种纯粹的服务化产品交付，其价值创造来源既包括制造企业的内部流程，也包括外部的客户需求；制造商 OT 层业务则是基于对外部客户个性化需求的满足，是一种以产品主导逻辑为基础的服务化产品交付，其价值创造来源以外部的客户需求为主，其次为制造企业的内部流程。IT 业务与 OT 业务的差异在于，前者作为一种纯粹的服务化产品是无形的，它既需要为企业内部流程创造价值，也要为客户提供高附加值，因此其复杂性程度一方面涉及了商业模式价值主张的变化，即价值创造机制的变革，在服务主导逻辑下需要制造商改变并调整其价值交付和捕获机制；另一方面，制造商需要具备整合集成源自服务产品数据以改进内部流程活动的能力。而对比之下，后者从大规模标准化生产转变为定制的产品服务系统，交付的是以物理产品为主导的产品服务解决方案，其价值创造来源主要是外部客户，故复杂性更多集中在由外部个性化需求拉动下的工厂内部流程集成化能力。

综合系统销售和系统集成两者，制造业核心企业通过工业互联网平台的系统集成能力向价值流上下游延伸的路径有两种：一方面，通过系统销售将服务嵌入企业外部的产品销售和使用场景中；另一方面，通过系统集成将服务嵌入产品的设计、生产、研发、制造和销售的全流程中，最终形成符合本企业服务化转型路径的动态能力。基于企业内外价值流的联结，本书将产品的全生命周期往上延伸到设计研发阶段，往下延伸至产品售后的整个使用期限，对制造企业服务化战略分类的标准依据（Paiola et al.，2013）的观点，即产品全生命周期服务包括传统的销售服务支持、售后基本服务和售前服务支持三个阶段。类似地，在本书的产品生命周期涉及的服务战略包括三种类型：产品出售时的平滑服务、产品生产过程中的增强型服务、产品使用过程中的替代服务。服务化战略与价值链的关系如图3-1所示。

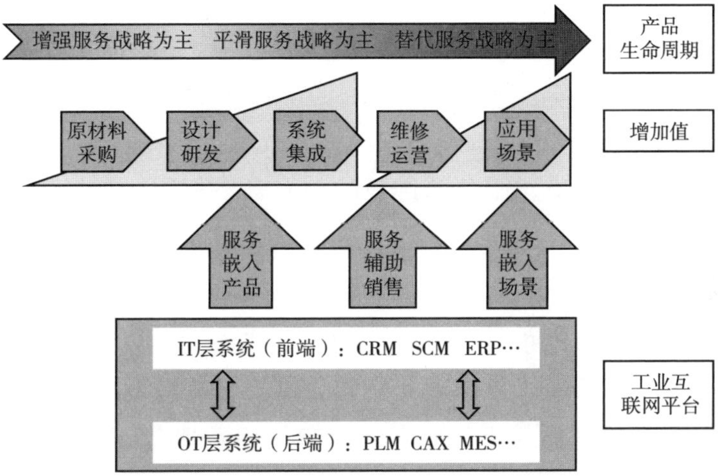

图3-1　基于工业互联网平台的制造核心企业服务战略与价值链

诚如第2章所述，制造企业根据其在行业生命周期中的阶段部署适当的服务。由于与产品和市场相关的高成本和不确定性，增强型服务在行业生命周期的早期阶段更加普遍；随着高成本和不确定性这些条件在行业向成熟期过渡时的减少，平滑服务在行业生命周期的后期阶段获得更多相关性。尽管替代服务可以在早期阶段出现（在极端不确定的情况下），但在成熟阶段，当公司寻求扩大市场以吸引无法负担产品购买的新客户时，替代服务更为常见。对于制造业核心企业而言，其服务化转型战略的选择并不只是以上三种服务化战略中的一种，而是根据产品所处的生命周期，结合企业自身的系统集成能力和资源基础实施相应的服务化战略组合。

平滑型服务交付更多发生在产品出售时，其复杂性最低，基于传统的产品主导逻辑思想，具体包括如培训、融资、咨询等传统型服务，服务是产品的附属品，根本目的是提高产品的销售率；增强型服务的交付一般产生于产品的系统集成和使用场景过程中，其复杂性高于平滑型服务，增强型服务是核心制造商基于产品主导逻辑对终端个性化需求的响应和修改，服务和产品相互补，具体包括产品功能和外观的个性化定制，核心产品与其他产品或服务的集成包；替代性服务的交付则可能产生于设计研发、系统集成和使用场景全部过程中，其涉及的复杂性最高，服务是对产品的替代，制造商基于服务主导逻辑将通过产品使用情境来向客户交付服务，制造商与客户的交易关系并非针对产品，而是服务本身，具体包括共享单车、云打印等一系列软件即服务（SaaS）。从价值捕获来看，三种服务转型战略处于价值流的不同环节，服务与产品的关系各不相同。平滑服务只是作为促进产品销售的辅助性手段，不能改进产品原来功能和设计，因此其增值空间较低。增强服务一方面作为服务组合包显著扩展产品功能；另一方面通过交互平台制造商可及时响应客户的个性化需求，进一步改进产品的功效，因此其增加值较高。替代服务一方面改变了制造商与客户的买卖交易关系，如在共享经济模式下，单车、汽车的租赁取代了以往的购买模式，降低了制造商与客户的交易成本；另一方面替代服务的场景应用嵌入乃是一种绩效合约，服务产品的定价是基于制造商交付的实际使用价值和结果，产品的边际成本大大降低，因此替代服务在价值流上具备较高的增长潜力。服务化转型战略的分类如表 3 – 3 所示。

表 3 – 3　　　　核心制造企业服务化转型战略分类

平滑型服务	加强型服务	替代型服务
在不显著改变产品功能的情况下促进产品销售的服务。 客户与制造商之间互动强度较低，服务是产品销售的附属品，服务与产品之间互补性低，价值捕获来源为产品本身。 例如，培训、售后维修等	及时响应客户需求有助于制造商开发新用途或提高产品适应性的个性化服务。 客户与制造商互动强度较高，服务嵌入产品中，服务是产品的功能增强或互补，价值捕获来源为产品服务组合的集成包。 例如，家电定制、远程维修、服装个性化定制等	服务购买或租赁取代产品的购买，交易过程中产品所有权不变。 制造商与客户互动强度高，服务嵌入应用场景中，产品是实现服务的工具，价值捕获来源为交付服务的产品运营绩效。 例如，共享单车、云打印、劳斯莱斯发动机按时计费等

3.2 案例分析

3.2.1 方法与案例选择

（1）研究方法选择。本章采用案例研究方法理由如下：首先，本章分析企业的服务化转型是一个动态的发展过程，采取纵向对比案例研究方法，更能体现不同行业的制造企业服务化转型特点；其次，本章研究基于系统集成能力的核心企业服务化转型对于价值链治理的影响，需要建构相关命题的理论范式，而案例研究正是展开这一理论范式较为契合的方法；最后，本章研究的目的是探讨具有不同系统集成能力的制造核心企业的服务化转型问题，解释的是制造核心企业为何（Why）选择某一种服务化战略、如何（How）进行价值链治理的问题，这适宜采用案例研究方法（Yin，2009）。

（2）案例选择与对比。本章选择三一重工和青岛海尔为案例，遵循了理论抽样选择所需的典型性和极化性。首先，根据典型性原则，这两家制造企业的技术能力和创新性能够代表中国的高端制造水平，在行业内都具备极强的议价权，且两家企业正处于制造业服务化的转型过程中，其工业互联网平台建设在业内都是领先者；其次，遵循极化类型的原则，三一重工和青岛海尔这两家企业一方面都具备较强的系统集成能力，同时这两个企业的行业供应链特点又有着明显的不同，因此这两家企业的服务化转型过程中体现的系统集成能力共性和差异性可以更好地解释不同服务化战略选择对价值链治理的影响；最后，从资料与数据获取的可行性来看，这两家企业的成长和发展一直是中国学界和实务界关注的热点，关于这两家企业的文献、报纸、书籍和其他网络资料都相对较多，且这两家企业都为上市公司，便于笔者从网络获取相关数据。

3.2.2 案例企业介绍

三一重工集团有限公司始创于1989年，是一家以“工程”为主题的装备制造业集团公司。自1994年成立以来至2009年，三一重工集团旗下的上市公司三一重工以年均50%以上速度增长，已经发展为中国最大、全球第五的工程机械制造商，也是全球最大的混凝土机械制造商。2003年7月，三一重工在A股上市；2011年7月，三一重工以215.84亿美元的市值荣登英国《金融时报》全球市值500强，是当时唯一上榜的中国机械企业；2012年1月，三一重工收购“世界混凝土第一品牌”德国普茨迈斯特（Putzmeister），一举改变全球行业竞争格局。2016年12月，三一重工投资兴办的“树根互联”是中国成立最早、连接工业装备最多、服务行业最广泛的工业互联网赋能平台公司，也是首批通过工业互联网平台可信服务评估认证的企业之一，“树根互联”提供的信息化服务核心以4大IT系统为支撑，即客户服务管理系统（Customer Relationship Management，CRM）、产品资料管理系统（Product Information Management，PIM）、智能设备管理系统（ECC）、全球客户门户（Global Customer Portal，GCP）四大基础平台。

青岛海尔集团1984年创立于山东青岛，目前已从传统制造家电产品的企业转型为面向全社会孵化创客的平台。集团旗下的青岛海尔全球设有29个制造基地、8个综合研发中心、19个海外贸易公司。2010年，青岛海尔入选美国《商业周刊》“全球最具创新力企业50强”，成为唯一上榜的中国家电企业；2013年，青岛海尔连续12年居中国最有价值品牌榜榜首。青岛海尔集团从2012年开始建设互联工厂，从大规模制造转型大规模定制，变产销分离为产销合一，2017年6月成立的“COSMOPlat”不仅是青岛海尔集团打造的具有自主知识产权的工业互联网平台，也是全国首批智能制造试点示范企业，作为物联网范式下用户全流程参与的平台，COSMOPlat通过智能化系统使用户持续、深度参与到产品设计研发、生产制造、物流配送、迭代升级等环节，满足用户个性化定制需求服务，最终实现服务型制造与价值共创共赢，它具备独创性、时代性、普适性三大特征。

3.2.3 数据收集与处理

为充分体现两家制造核心企业服务化转型的特点，本章的数据来源跨度涵盖了两家企业各自上市时至今的全部过程，其中三一重工的时间跨度为2003年至今，青岛海尔的时间跨度为2000年至今，两者在此期间都经历了业绩发展的辉煌和低潮时期，各自的行业竞争环境产生过明显的变化，具有服务化化战略转型的长期性轨迹特点，而且尽管两者的起点时间不同，但分别从两者的上市时间开始分析，更能体现企业从高峰期到平稳发展期的战略重心变化和服务化能力形成的动因。

数据收集：为了保证案例研究的信度和效度，本章利用三角互证方法，从多个信息源收集资料设计半结构化访谈提纲和构建理论模型。本章的数据来源包括：首先是来自两家企业内部的年报、CEO签发的相关公司战略文件等内部文档资料，这些资料详细记载了两家公司不同时期的战略重心和发展任务；其次是针对企业中级管理层人员的半结构化访谈，访谈部门包括集团的研发、营销、采购、股份公司总裁办以及相关的产品事业部门，以此了解企业的价值链治理情况；最后是外界新闻媒体和研究机构对这两家企业的报道和分析资料，这些资料主要来源于互联网上的门户网站商业评论文章和一些著名的咨询公司的调查研究，可与前面的数据进行对照补充。

数据处理：本章将遵循探索性案例研究的方法与过程（Eisenhardt，1989），数据的处理过程通过文本编码的方式进行收集和整理，具体步骤如下：首先，将每次收集的企业年报资料、访谈报告和研究文章等相关资料统一起来，按照同样的时间点找出与制造业服务化转型相关的事件，在不同事件之间寻找印证，并对相关事件的文本进行数据编码；其次，通过数据编码归纳分析相关概念及其联系，以概念之间的关联性作为证据链；再次，基于证据链条，提出本文的初步研究命题；最后，在确保案例研究的建构效度基础上，根据案例资料所得的结论与研究命题进行模式匹配。同时，为了保证文本数据信度，数据的处理过程经过了研究小组成员的多次讨论和分析，证据链的逻辑关系最少有两个以上数据的支持方才能得出相应的研究命题。

3.2.4 案例分析与讨论

本章主要通过开放式编码、主轴编码和核心编码三步对收集的案例资料进行整合、分解、提取和概念化、范畴化，最后得到主范畴与核心范畴的理论模型。

（1）开放式编码。开放式编码主要工作是将原始资料中和研究主题相关的语句整理出来，从抽取的语句内容中抽象出概念化标签，然后将类似的概念整合到一起，通过对零散概念进行对比分析，以此界定初始范畴。为体现企业在不同时期的战略重心和服务化特点，本章的编码主要基于资源能力基础观和价值链治理理论的框架，同时本章以信息化服务能力发展水平和服务化导致的商业模式创新程度为依据，将两家案例企业服务化转型划分为三个时期，即产品销售服务早期、产品销售服务成熟期和嵌入式服务转型期。本章从原始资料中抽取与服务化转型相关的企业战略实施和价值链治理方面的事件，保留出现3次及以上的概念作为开放式编码形成的初始范畴。本章总共整理出48个概念和36个初始范畴，如表3-4和表3-5所示。

表3-4　开放编码形成的部分初始范畴示例——三一重工

服务化发展期	初始范畴	典型资料引用
产品销售服务早期	维修服务建设	公司决定将“大排量泥浆泵生产建设工程”和“吊管机生产建设工程”项目变更为“维修服务网络建设工程”项目
	综合保理战略	本公司与中信银行长沙分行签署了国内综合保理业务协议，中信银行同意给予本公司20000万元的授信额度
	核心竞争力提升	剥离沈阳煤机业务、毛利低的混凝土搅拌运输车，注入旋挖钻机、连续墙抓斗等桩工机械等一系列业务整合，突出核心竞争力
	直销管理能力优势	公司拥有成熟的直销管理体系和营销队伍，直销能力国内首屈一指
	建设配套厂	中成、中兴等配套厂在较短的时间内形成了配套生产能力，实现部分关键件、易损件的自制，为提升公司的制造核心竞争力打下基础

续表

<table>
<tr><th>服务化发展期</th><th>初始范畴</th><th>典型资料引用</th></tr>
<tr><td rowspan="5">产品销售服务成熟期</td><td>服务能力进一步提升</td><td>通过广泛应用现代信息技术，建设 ECC 企业控制中心，开发和完善 CSM、GCP、IEM 等服务管理系统，建立全球配件查询系统</td></tr>
<tr><td>融资租赁行业投资</td><td>公司通过竞拍方式获得岳阳市商业银行4000 万股；三一重工比利时融资公司注册资本为858 万欧元，本公司拥有99.66%股权</td></tr>
<tr><td>产品+服务整体解决方案</td><td>通过为客户提供产品服务和金融服务整体解决方案，与客户形成战略同盟的纽带</td></tr>
<tr><td>关键零部件共享</td><td>共享自制关键零部件和商务采购资源，大幅降低采购成本</td></tr>
<tr><td>核心零部件研发突破</td><td>产业链建设成绩斐然，油缸、液压系统、减速机、驾驶室、回转支撑、自制底盘、高强钢板等核心零部件研发取得重大突破</td></tr>
<tr><td rowspan="5">嵌入式服务转型期</td><td>工程机械后市场</td><td>以设备租赁的互联网模式作为切入点，初步构建工程机械后市场的业务平台，提升公司后市场的领先地位</td></tr>
<tr><td>产品全生命周期管理系统搭建</td><td>为了建立面向产品生命周期的研发管理流程与机制，提高产品研发协同与顶层设计能力，全面启动产品生命周期管理（PLM1.0）的推广</td></tr>
<tr><td>合作创建银行</td><td>公司全资子公司湖南三一重工智能控制装备有限公司与三一重工集团有限公司等公司共同发起设立湖南首家民营银行湖南三湘银行</td></tr>
<tr><td>全价值链经营转型</td><td>由主机到全价值链经营的转型，改变以往过度集中主机营销的模式，向主机、服务、配件、租赁、大修等全方位价值链经营转变</td></tr>
<tr><td>零件自主创新</td><td>公司继续加强对工程机械产品及关键零部件的研发创新力度，实现主机产品升级换代，加强核心零部件的研究开发</td></tr>
</table>

表3-5　开放编码形成的部分初始范畴示例——青岛海尔

<table>
<tr><th>服务化发展期</th><th>初始范畴</th><th>典型资料引用</th></tr>
<tr><td rowspan="5">产品销售服务早期</td><td>售后服务模式创新</td><td>继“无尘安装”创新服务模式后，又率先推出“安全配电服务”，为消费者创造感动</td></tr>
<tr><td>渠道竞争激烈</td><td>下游流通企业渠道竞争越来越激烈，连锁企业不断将恶性竞争风险转嫁给上游供应商</td></tr>
<tr><td>提高响应速度</td><td>一切工作围绕订单流，通过继续强化 OEC 基础管理，形成质量、成本、交货率的竞争优势，以快速响应用户的个性化需求</td></tr>
<tr><td>业务流程再造</td><td>进一步加速信息化、网络化的减少，利用青岛海尔集团搭建的物流、商流平台，加速订单的执行速度，缩短与用户的距离</td></tr>
<tr><td>业务外包</td><td>公司的采购、配送与销售主要通过青岛海尔集团的青岛海尔零部件采购、青岛海尔物流储运及青岛海尔工贸等42 家进行</td></tr>
</table>

续表

服务化发展期	初始范畴	典型资料引用
产品销售服务成熟期	服务型制造	积极实施 PLM 开发流程，从企划、设计阶段起就研究提升产品的竞争力，推进产品模块化、标准化设计，以实现随需定制，为客户提供解决方案
	即需即供模式	实行按单生产、按单采购，提升了营运效率，规避了原材料价格大幅波动和产品库存积压带来的潜在风险
	售后服务提升	公司在国内推出主动服务和终端巡检，按照"随叫随到""到了就好""创造感动""信息增值"的服务标准
	营销网络建设	青岛海尔旗下的日日顺定位于互联网时代虚实融合的第一通路商，目前已初步形成以日日顺电器以家电销售为主的加盟店渠道
	柔性供应链	整合全球优秀供应商资源与自主研发相结合，提高了产品的可靠性和设计质量，缩短设计、测试、采购和生产制造周期
嵌入式服务转型期	开放式创新	依托全球 10 大研发中心，以及根据用户痛点随时并联的 N 个创新中心，青岛海尔搭建了"10 + N"开放式创新体系
	个性化定制	众创汇平台通过模块定制、众创定制、专属定制等多种模式提供用户百余种定制产品及解决方案
	物流网络渠道升级	提供仓储、干线和"最后一公里"的送装服务，提升逆向物流、维修保养等方面的增值业务能力
	模块型供应商	搭建开放的模块商并联交互体验的平台——海达源，实现供应商由零件商转变为模块商，由模块商参与设计
	跨界家居合作	首次跨界合作牌家居，打造专属的儿童房，开辟"家电 + 家居"的场景化定制新模式

（2）主轴编码。主轴编码是以初始范畴为基础，基于"条件—行为—结果"的逻辑范式，寻找初始范畴之间的内在共同联系，使数据资料能够串联起来，形成一个有机的统一整体。先对资料数据进行结构化处理，然后不断扩充和提炼初始范畴，经过多次的归纳、总结和分析后，我们将开放编码过程中产生的初始范畴整合为副范畴，且将其分别归并为 8 个主范畴，具体如表 3－6 和表 3－7 所示。

表 3－6　　主轴编码后生成的主范畴——三一重工

主范畴	副范畴
传统服务能力	维修服务网络建设、综合保理战略、融资租赁业务
信息化服务能力	产品 + 服务解决方案、服务模式创新、全生命周期服务

续表

主范畴	副范畴
产品研发能力	核心零部件突破、技术创新能力国际领先、PLM 系统建设
知识可编码性	OEM 模式、零部件共享、商务采购资源共享
交易复杂性	非标准化部件、品牌众多、型号性能各异
供应商能力	需主机厂商扶持、主机厂商自建配套厂、大量关联交易
前向一体化	直销管理能力提升、自建下游销售网络、全价值链经营
大数据金融	创建银行、工程设备保险、二手设备交易

表3-7　主轴编码后生成的主范畴——青岛海尔

主范畴	副范畴
传统服务能力	售后服务模式创新、星级服务进社区、全国统一售后服务电话
信息化服务能力	服务型制造、全流程信息化追溯服务、家庭智能场景服务
产品研发能力	SKD 组装、“一云 N 端”的架构、行业标准引领、开放式创新
销售渠道控制	业务流程再造、与电商的战略联盟、物流网络升级
供应商能力	非核心业务外包、专用零部件集中采购、上游一体化程度低
交易复杂性	模块型交易、工业云协同制造、协同设计能力
知识可编码性	生产标准品、统一技术标准、产品数据化
市场反应速度	全流程订单优化战略、即需即供模式、敏捷制造能力

主轴编码主要基于资源能力基础观和价值链治理理论的框架，因此两家案例公司主轴编码后生成的主范畴基本一致。主范畴的内涵和来源描述如下：“传统服务能力”，该项概念的名称借鉴了 Michael Porter 等（2014）提到的制造业传统意义上服务对产品的互补性，它使客户在购买产品时感觉更舒适。这些互补性的出发点是产品的销售，而非产品的功能架构或者产品的使用情境，如企业为客户购买产品提供资金支持和技术帮助等方面的服务。

“信息化服务能力”，该项概念借鉴了 Wim Coreynen 等（2017）中提到的数字化如何使制造企业能够为其客户提供更高水平的增值服务。青岛海尔的信息化服务主要指为提供具体互联工厂应用服务和消费者的个性化定制服务，形成全流程的应用解决方案，涉及了交互定制、开放研发、数字营销、模块采购、智能生产、智慧物流、智慧服务等业务环节，三一重工的信息化服务能力主要指为企业提供端到端的解决方案和即插即用的 SaaS

应用，并为应用开发者提供开发组件，方便其快速构建工业互联网应用，具体如三一重工的云服务、云维修、机器画像和工业微服务等。

“产品研发能力”指的是企业在产品的设计、研发、生产、制造过程中具备的核心技术能力，三一重工的产品研发能力主要集中在主机制造和关键零部件方面，青岛海尔的产品研发能力主要集中在对外部资源的利用，通过消费者需求交互和供应商共同研发的方式，鼓励其深度参与到公司的研发流程中。从系统集成能力来看，三一重工的产品研发更倾向于针对价值链的垂直一体化集成，而青岛海尔的产品研发更接近协调外部供应商活动的网络价值集成。

“前向一体化”借鉴了 Andrew Davies（2004）的观点，将产品和服务的创新组合作为满足每个客户需求的“高价值集成解决方案”向价值链下游的经销商或中介移动。三一重工的“前向一体化”指的是利用自身行业领导地位和核心制造能力整合价值链下游各个环节，如经销商网络、维修中心、融资租赁等；与之对应的是青岛海尔的“销售渠道控制”，为了摆脱对下游零售商的依赖，青岛海尔早期通过业务流程再造建立全新的订单流程，按单计划、制造、交货、配送，确立一步到位的订单分解流程，后期开始与淘宝等电商平台合作，在销售更多产品的同时敏捷地了解消费者的需求，现阶段紧紧围绕分销网络、物流网络、服务网络和虚拟网络相结合的“四网融合”战略，为用户及客户提供全流程一体化的解决方案。

“大数据金融”源于三一重工早期的融资租赁业务，工程机械行业本身重资产的特点离不开金融服务的支持，尤其在信息化服务的推动下，三一重工不仅可将大数据金融服务作为工程机械后市场的切入点和核心业务，还可择机进入二手交易、配件电商和设备管理领域，所有的这些业务都涉及授信、抵押、分期等金融服务，三一重工涉足大数据金融目的在于构建产业生态圈，同时也为工程机械后市场创新商业模式创造基础；“市场反应速度”是家电企业发展突破的关键，早期的青岛海尔的市场反应只能基于下游零售商的被动传导，后期通过“人单合一”的全流程订单优化战略，推动了公司结构的扁平化、动态化和网状化，逐渐以敏捷制造代替库存生产，现阶段以前期交互平台实现与终端用户需求的无缝对接，并通过开放平台整合全球创新资源，迅速响应用户的个性化需求。

"供应商能力""交易复杂性"和"知识可编码性"都是 Gereffi (2005) 在全球价值链治理中提到的三个关键变量。从行业特征来看，三一重工的供应商能力相对较弱，三一重工对供应商的层级控制较为明显，不仅存在大量的关联交易，三一重工为了加强产品的核心竞争力，还自建了零部件工厂与主机厂进行配套，一体化程度较高，与之相对的是青岛海尔的供应商，家电行业上游的供应商使用灵活的设备，为不同的买家生产标准品，复杂性高，但资产专用性相对较低，这种供应商生产的标准品的市场化竞争有利于青岛海尔降低采购成本，青岛海尔在早期专门成立了一家配件外贸采购公司，为本公司的生产制造服务，后期青岛海尔直接将除制造以外的非核心业务外包出去，青岛海尔打造了工业互联网平台后，供应商在价值链中的自主性更高，可自由选择下游的制造商与其进行交互；从交易复杂性来看，两个行业的交易都具备一定的复杂性，工程机械的零部件作为一种非标准化产品，品牌众多、型号性能各异，尤其是液压元器件、传动部件、控制元件等关键零部件，研发前期投入大、周期长，而家电行业的零部件同样知识密集程度高，需要一定范围的知识共享，且还必须考虑终端市场波动快的风险，随着家电产品更新速度的加快，对零部件的技术标准和规范性要求也将提高；从知识可编码性来看，由于三一重工直接采取了 OEM 和零部件资源共享的策略，零部件生产是专门针对主机厂的配套，可见其知识可编码性的程度较高，而青岛海尔则借助其工业互联网平台，制造商对供应商的技术要求可直接在平台上与其交互，或是基于消费者的需求进行修改定义，知识的可编码性体现在产品部件的数字化发展程度上。

（3）理论模型构建。将上述生成的主范畴与前面基于系统集成能力的服务化和价值链治理理论进行多次比较和分析，可发现"传统服务能力"基本描述了"平滑服务化"的特点，"跨界金融"和"信息化服务能力"体现了三一重工产品的"服务化战略转型"特点，"市场反应速度"和"信息化服务能力"也同样体现了青岛海尔产品的"服务化战略转型"特点，"产品研发能力""前向一体化"从整体上体现了三一重工产品基于垂直一体化的系统集成能力，"产品研发能力"和"销售渠道控制"从整体上体现了青岛海尔产品基于外部供应商和经销商网络的业务集成能力。从价值链治理来看，“知识可编码性”“供应商能力”和“交易复杂性”三者在两家企业转型过程中都有较为明显的体现。基于以上分析，本书的核心范畴可表述为基于系统集成能力的服务化转型战略对价值链治理产生的影响。本书生成的主范畴、核心范畴关系分别如图3－2和图3－3所示。

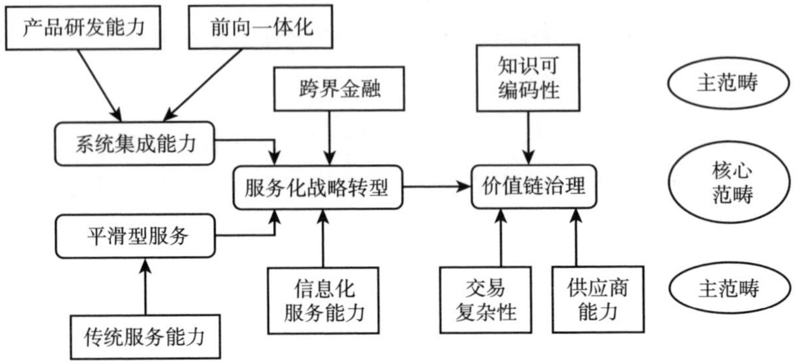

图3－2　三一重工的核心范畴理论模型

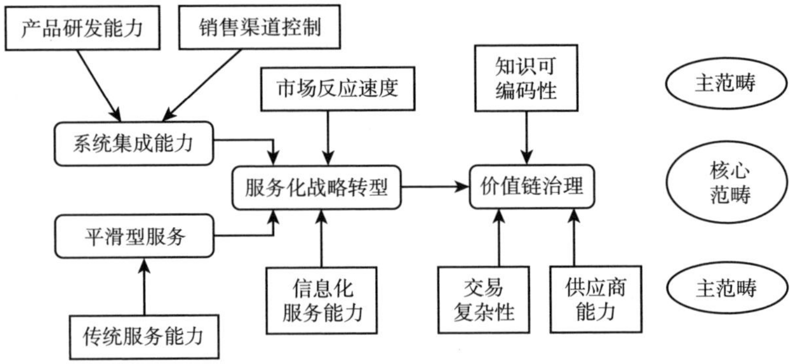

图3－3　青岛海尔的核心范畴理论模型

从两家企业的服务化转型历程来看，三一重工和青岛海尔都经历了产品销售服务的发展历程。在产品销售服务发展早期，双方都打造了本企业的售后维修服务网络，其差异在于三一重工还向客户提供融资租赁、银行按揭、综合保理等金融服务，而青岛海尔为了降低企业运营成本，售后服务中有一部分外包给了当地经销商。综合来看，两家企业早期发展服务的动机皆是促进产品销售，同时维护客户关系的长期稳定性，尽管如维修、咨询、培训等服务活动独立于产品，但服务创造的价值仍然是在产品原本已有技术标准化功能以内。

当两家企业进入产品销售服务成熟期后，维修服务网点建设基本饱和，三一重工的服务化能力从内部资源投入转向重点提升渠道和平台服务。例如，2010年三一重工开设工程机械6S店铺，凸显了“产品现场展示”“一站式服务”“系统解决方案”等特点，给客户带来了直观体验和方便周到的服务，2009年，三一重工构建设备控制中心（ECC）采用GPS定位系统可搜寻到产品的位置和运行状况，并可远程诊断，就近派工服务，为提高客户服务响应速度和改进信息化服务能力打下了基础；青岛海尔的服务化能力则升级为对终端市场需求的快速响应和对用户需求的精准把握，如2009年青岛海尔坚持“实网做深、虚网做实”的虚实网发展战略，通过实网（经销商）满足客户需求，通过虚网（电商）了解客户需求，2010年青岛海尔积极拓展三级、四级市场社会化网络，整合青岛海尔集团物流业务，构筑虚实网结合的日日顺商业流通业务平台。事实上，上述服务化战略都是核心企业在逐步控制了渠道营销网络的基础上，对以往产品平滑型服务的再次升级，服务的价值创造仍然没有脱离产品原先的技术标准化范畴。

在第三个服务化阶段，两家企业在构建本行业的工业互联网平台后，其服务化战略逐渐走出了以产品为中心的销售服务范畴，三一重工作为系统销售商，基于其产品价值链传统的垂直集成能力优势，通过提升产品研发制造能力和构建物联网，将服务嵌入价值链上游的设计研发和下游的产品销售场景中，三一重工向客户提供的不再是单一的产品解决方案，而是在其工业互联网平台上向客户提供产品全生命周期内的服务，具体服务内容涵盖物联监控、能耗耗材、资产管理、设备协同、二手交易、设备保险、货款保理、共享租赁、改装再造等，价值创造的来源从产品逐渐向服务转移，企业的价值捕获来源也不仅仅局限于产品的购买或租赁，而是对产品使用场景中的时间或绩效付费，在这种条件下，下游经销商针对三一重工的议价能力将进一步削弱，因为工业互联网平台的数字化服务大大了降低产品生产的边际成本，进而三一重工在价值链前端的延伸又会进一步强化其在价值链后端的制造研发能力优势，这时上游供应商的地位同样会遭到核心制造商三一重工的挑战。

青岛海尔作为系统集成商，基于其产品价值链的外部资源整合能力优势，通过提升产品研发制造能力和构建开放型创新网络平台，将服务嵌入产品的设计生产研发销售全流程中，这时青岛海尔的服务化能力不再局限于本企业内部的专业组件集成，而是基于整个工业互联网平台上所搭建的社会化创新网络资源，该平台不仅解决了大规模和个性化定制的矛盾，还打通了交互定制、开放研发、数字营销、模块采购、智能生产和智慧物流等业务环节，充分发挥了价值共创的网络化效应，因此，价值创造的来源于外部价值网络中各方对于产品设计、性能和服务的定义和修改，事实上，这正是青岛海尔作为系统集成商深化其价值链专业化分工的结果。在这种条件下，随着工业互联网平台 Cosmoplat 的兴起，下游零售商的议价能力同样可能被削弱，但相比三一重工所处的工程机械行业，家电行业的零售商对于核心制造商的依赖性并不高，因为家电零售商的传统核心竞争力就在于对终端市场需求的掌控而非被动地分销上游的产品。同时，为了实现产品链的柔性制造和个性化定制服务，上游供应商的议价能力并不会被削弱，青岛海尔将通过 Cosmoplat 工业互联网平台继续发挥供应商模块化分工和协同制造的优势，以进一步降低价值链的交易成本。

3.3 案例发现

3.3.1 基于系统集成能力的核心企业服务化转型战略

从上述两家核心企业的服务化发展历程来看，以物联网、云计算为代表的信息化技术的兴起逐渐改变了制造业以往的服务化战略。对于系统销售商而言，尽管如早期的大型资本品厂商同样提供完整的产品和服务组件系统，但这些制造商仍然是从产品角度来理解量身定制的系统开发与标准化单独组件之间的兼容性，他们并没有从制造商与客户两者的关系来理解服务化，在这一过程中产品使用价值的实现仍然是基于双方的买卖交易，即产品的产权必须发生转移，产品的功能和服务才能产生效用。例如，案例企业三一重工的“树根互联”平台基于工业云可以向客户直接交付产品的设备运行监测、能耗管理、故障维护等多种服务，在此过程中，企业与用户可基于平台实现高强度的互动，产品服务价值的实现不再以买卖交易为唯一条件，由此便衍生出以工业大数据为基础的租赁、共享、金融相关的产品商业模式创新，如三一重工与久隆保险合作推出的 UBI 挖机延保产品数据平台，明确适合开展业务的机器类型，指导保险对每一档进行精准定价，且大数据金融服务相比传统的融资租赁，有着更高的科学性和预测性。

对于系统集成商而言，工业互联网平台发挥了服务型制造的作用，后端研发部门与前端营销部门之间通过平台协调是实现个性化服务的关键。在价值链两端，核心企业青岛海尔的供应链网络管理能力基于 COSMOplat 平台变得越加智能和敏捷，平台形成了以用户为主导的个性化服务生产模式，用户的个性化需求可以在第一时间反馈到生产线，产生一定规模的市场需求后，COSMOPlat 以网络化平台的形式连接八大互联工厂实现产品研发交互和协同制造，继而组织活动流程和分配工单，实现用户在交互、定制、设计、采购、生产、物流、服务等环节的全流程参与。就价值共创的角度而言，青岛海尔的个性化定制服务大大增强了原有产品的功能和针对性，而这种服务化价值的来源是平台构建的社会化创新资源网络，服务嵌入产品的全部生命周期中，青岛海尔的 COSMOplat 充分发挥了系统集成商对价值链外部资源的整合能力优势，以此实现对下游消费需求的精准把握。基于此，本章提出：

命题 3－1a：作为系统销售商的制造业核心企业的服务化战略将从以平滑型服务为主向替代型服务和平滑型服务战略两者转变。

命题 3－1b：作为系统集成商的制造业核心企业的服务化战略将从平滑型服务向增强型服务战略为主转变。

3.3.2　核心制造企业服务化转型的能力获取

从组织资源基础观来看，核心企业服务化转型是组织资源和能力重新配置的过程。企业必须决定哪些增值活动应在内部执行，哪些应外包给供应商、合作伙伴、分销商或客户（Baines，Kay，Adesola & Higson，2005）。公司在服务价值链上的控制程度直接影响新服务的成功开发和部署，现实中通过兼并和收购进行的纵向一体化似乎是企业向下游移动时内部环境不确定性的一种常见模式，事实上，通过使用合资企业、联盟、特许经营权，以及在没有完全所有权的情况下，也可以成功实现对价值系统的控制（Mahoney & Pandian，1992）。

在本书中，三一重工具备典型的垂直集成系统销售商特点，三一重工对所有组件的生产制造控制较为明显，整个系统设计、接口和组件规范、组件集成等业务基本在企业内部完成。一方面，三一重工基于工业互联网平台直接向客户提供完整的产品服务组件系统和全生命周期内系统的维护服务，其服务化能力主要源于内部研发制造端向下游的延伸，事实上，在三一重工服务化发展的早期，其供应商主要来自集团内的关联交易，而到了后期则直接以收购为主，这充分体现了资本品行业的垂直整合特点，系统集成商以专有的接口和标准组件来降低价值链的交易成本；另一方面，从行业特征来看，机械工程行业下游对三一重工的影响更多的是来自宏观层的基建和房地产市场波动，这些市场信息可得性较高，且客户对市场响应速度要求并不高，经销商企业在价值链中更多的是发挥辅助性销售的作用，如发展维修、配件、配送、物流等非核心业务，因为经销商企业并不具备独立发展市场渠道和营销的核心能力，如果考虑到融资租赁、分期付款等销售模式，三一重工需要与金融机构建立合作关系来发展平滑型服务，但市场需求波动难以直接影响上游的议价能力，这也是三一重工可发展直销的原因。三一重工的服务化转型期的能力除了来自对于供应商的垂直整合外，也有与下游银行、保险、资管公司等金融公司签订的各项战略合作许可和协议。根据年报和相关资料，本书基于 Davies（2004）的价值链图，整理出了两家核心企业针对价值链控制整合的相关战略举措，以此来分析该企业服务化能力的获取，如图 3－4、图 3－5 所示。

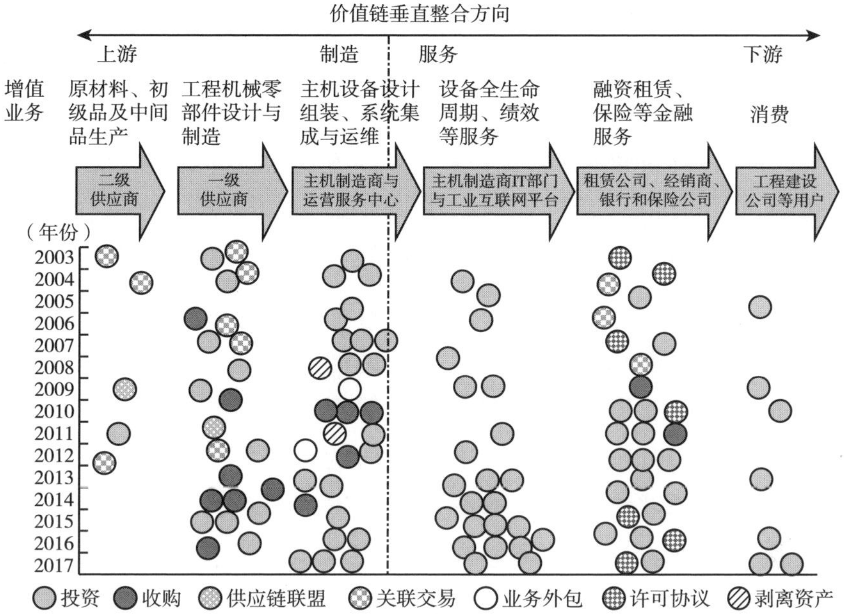

图3-4 基于价值链整合的三一重工公司服务化转型战略举措

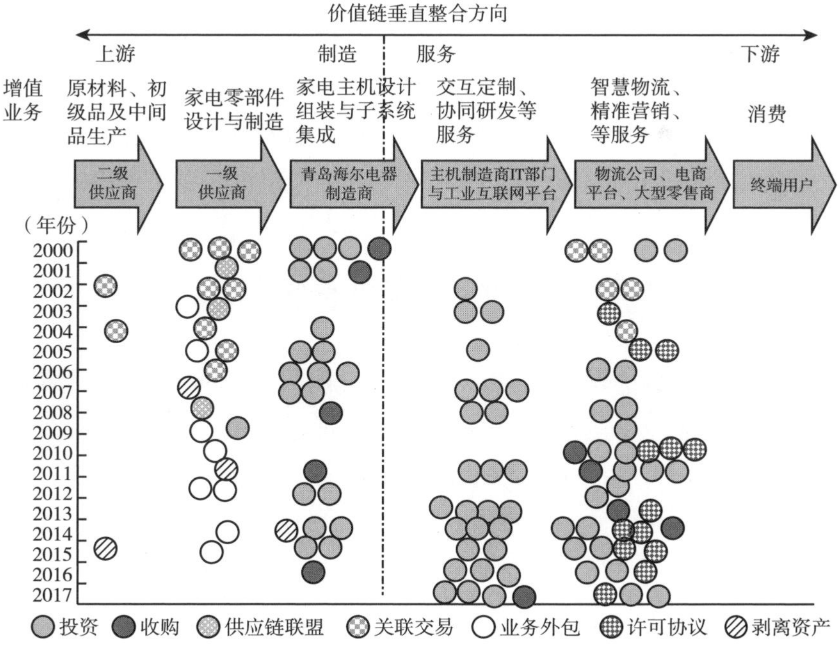

图3-5 基于价值链整合的青岛海尔公司服务化转型战略举措

青岛海尔具备组件系统集成商的特点，负责将供应商提供的产品和服务组件设计并将其集成到客户特定的解决方案中，强调通过系统和组件层面的专业化分工来降低价值链的交易成本，其核心能力是基于自身的集成能力来管理外部网络合作伙伴。一方面，从上游来看，青岛海尔通过建设工业互联网平台不仅可以支持工业应用开发、部署和执行，而且能够对各类资源在价值网络内实现科学的调度，实现协同制造的最优匹配；另一方面，从下游来看，家电行业体现了一定的“买方驱动”特征，受用户需求波动影响较为明显，市场需求的地域性和群体性都较为复杂，且市场响应速度要求比较高，这都不是上游核心制造商的能力优势。因此，设计和营销在价值链中是增值的重要环节，掌握销售渠道和了解消费者需求的零售商和经销商企业对于上游的核心制造商具备一定的议价能力，虽然青岛海尔可以自建加盟店、连锁店等营销渠道，但很难直接将专业的零售商垂直一体化，就分工的角度而言，青岛海尔与电商、零售商、经销商进行战略合作更能降低自身的交易成本。综合上述分析，本章得出研究命题如下：

命题 3 - 2a：作为系统销售商的核心企业服务化转型能力获取主要来自对上游供应商的一体化集成和与下游金融公司的战略合作。

命题 3 - 2b：作为系统集成商的核心企业服务化转型能力获取主要来自对上游供应商网络的资源协同集成和与下游零售商的战略合作。

3.3.3 核心企业服务化转型的价值链治理

工业互联网平台的基础是产品的模块化和活动的合作分配。就这一意义而言，未来行业竞争的基础将从单一产品的功能转向产品服务系统的性能，进而发展为包含不同子系统的产品复杂体系，而单独的企业只是其中某个系统的一个参与者，价值创造与价值捕获开始出现分离，就这一意义而言，数字化时代的系统集成不仅推动了核心企业的服务化进程，也将改变以往的价值链治理方法。从图 3 - 4 可知，作为系统销售商，三一重工的服务化转型强调以垂直整合上游供应商的方式来实现，不仅可以大幅缩减企业的采购成本，而且对于产品的定制化生产有了更加严格的管控，增强了零部件与主机的匹配度，供货周期也不会受制于人。事实上，三一重工主机厂商采取的OEM模式、零部件共享、商务采购资源共享等策略也从侧面反映了知识的可编码性。在服务化转型过程中，核心企业的集成能力越来越注重以传感器为核心的工业数据系统的兼容，传统的生产研发知识与ICT交织，基于工业互联网平台的发展，数据建模、数据预处理和数据通信等技术一方面加剧了价值链上游交易的技术复杂性；另一方面，产品的工艺建模、数据化定义、数据可视化和在线的协同交互设计又提高了知识的转移和共享效率，知识的可编码程度相较以往得以直接改善。可见，三一重工作为核心企业通过工业互联网平台的集成能力直接干预和控制供应商的发展能力，供应商面临较高的转换成本。

从图3-5可知，作为系统集成商，青岛海尔的服务化转型强调以价值网络的资源协同来实现，其目的在于最大限度地整合社会化服务能力。从行业特征来看，青岛海尔上游的供应商使用灵活的设备，为不同的买家生产标准品，复杂性高，但资产专用性相对较低，这种供应商生产的标准品的市场化竞争有利于青岛海尔降低采购成本，供应商与制造商之间的层级关系相对较弱，通过工业互联网平台可同时提升两者的制造协同，让供应商参与到产品的模块化设计、供货、制造等全流程，以此提高知识编码和知识转移的效率，有利于培育核心厂商的平台经济和创新的社会化，目前COSMOPlat已经连接了上亿用户，同时还主导了全球首个以用户为中心的智能制造标准。可见，青岛海尔作为核心企业通过工业互联网平台的集成能力充分利用了供应商的专业化和协同化优势，使青岛海尔以敏捷制造能力满足快速的市场变化需求。综合上述分析，本章得出研究命题如下：

命题3-3a：作为系统销售商的核心企业服务化转型的价值链治理以俘获型为主。

命题3-3b：作为系统集成商的核心企业服务化转型的价值链治理以模块型为主。

3.4 本章小结

本章结合系统集成理论，以三一重工和青岛海尔集团两家核心企业为案例，从价值链的角度探究了作为系统集成商的核心制造企业服务化转型的动因，强调了工业互联网平台对于核心企业服务化转型的重要意义，指出了制造业核心企业服务化转型的战略方向，解释了核心企业实施服务化战略转型的能力来源，分析了服务化转型背后的价值链治理模式的差异性，进一步丰富了系统集成理论在制造业服务化研究中的应用。

（1）揭示了制造业核心企业服务化转型升级的发展规律。

制造业核心企业的服务化转型是重构系统集成能力的过程，在本章中，传统的系统销售商三一重工和系统集成商青岛海尔都经历了平滑型服务的发展阶段，但两者系统集成能力的区别决定了其服务化转型战略的不同方向，三一重工更注重价值链的系统垂直集成，青岛海尔则倾向于价值链的专业化分工组件系统集成，前者的服务化转型将加剧其价值链内部的层级关系和资源分布的集中化，在机械工程后市场形成共享租赁、大数据金融服务等新的商业模式，后者服务化转型将进一步激活外部价值链网络中各行动者的自由性，从而引发了交互设计、场景服务营销等价值共创型的商业模式。

（2）打开了制造业核心企业服务化能力形成的“黑箱”。

制造企业的系统集成能力主要体现在产品研发创新和价值链整合两个方面，维修、培训、咨询等传统的服务化能力只是企业进入市场的壁垒，不能创造可持续的竞争优势。系统销售商三一重工基于“树根互联”实现产品的全生命周期管理和维护，将服务嵌入企业外部的产品销售和使用场景中；系统集成商青岛海尔基于“COSMOplat”实现对外部价值链网络的动态化管理，将服务嵌入产品的设计、生产、研发、制造和销售的全流程中青岛海尔与零售商、电商的合作，进一步加强了其在市场终端的服务能力。

（3）探讨了制造业核心企业服务化转型过程中价值链治理模式的发展趋势。

由于工程机械行业的上游供应商单一买方需求，使用大型机械、机床等专用设备生产非标准产品，资产专用性较高，复杂度高，为了降低机会主义的影响，三一重工更愿意选择垂直一体化的方式将采购活动限制在内部，同时当产品设计信息复杂时，也可以降低协作成本。但这并不意味着系统销售商必须所有技术和管理活动都内部化，这取决于交易中知识的可编码性，而三一重工工业互联网平台的产品数据化系统可改善这一问题。与之对比的是，青岛海尔与供应商的交易涉及电子产品器件，其技术复杂性也比较高，但这些器件大都为标准品，易于描述，有多个供应商生产，产品知识的可编码性高，为了发挥供应商专业化和灵活性优势，青岛海尔一方面剥离与系统集成能力无关的业务，另一方面模块化的治理可以保持供应链的柔性，从根本上来说，这也是为了同时实现产品的个性化服务与大规模生产，因此系统集成商必须最大化地利用价值网络的协同性和交互性。

第 4 章

IT 供应商合作下的中小型制造商服务化能力构建机理

第 2 章的论述表明，制造商的服务化转型涉及市场需求拉动和信息化技术推动双重动因，因此制造商发展的服务化过程会产生不同程度的复杂性。这种转变为制造企业带来了新的挑战，因为制造商缺乏关于如何在服务领域进行创新的知识（Ayala et al.，2017）。从第 3 章来看，对于大型制造商而言，由于其在供应链上的强大影响力和资源基础，可以直接利用其系统集成能力打造行业内的工业网互联网平台，制造商既可以选择直接并购，也可以选择合资的形式来获取 IT 供应商的服务化能力，从而实现服务化的转型。例如，克莱斯勒和谷歌之间的合作，两家公司正在合并其工程团队以开发自动驾驶汽车，两家公司都希望在 PSS 解决方案的开发过程中专注于自己的核心能力。但他们的服务战略需要协调来自双方联合产品开发活动所面临的来自文化、知识和开发方法的差异带来的挑战。另一家汽车公司通用（GM）投资了其汽车共享服务合作伙伴 Lyft；作为协议的一部分，通用汽车参加 Lyft 董事会，GM 可以参与合作伙伴的未来计划和决策。这种情况下，制造商面临的服务化挑战是如何从对方获取战略性知识，以保持商业合作上的主导权呢？

然而，对于大多数实施服务化转型的中小制造商而言，其并不具备相应的系统集成能力，而且也缺乏足够的资源和能力打造工业互联网平台。因此，为成功实现由服务化驱动的商业模式创新，中小型制造企业不是以自身整合物理产品和服务化知识的挑战，而更多的是利用外部的合作关系，即寻求具有一定服务知识和能力的外部服务供应商。这些供应商是外部组织或同一公司的另一个业务部门（Martinez et al.，2010；Windahl & Lakemond，2006；Bastl et al.，2012；Davies，2004；Lockett et al.，2011）。事实上，这些服务中很大一部分成为制造商对其客户的价值主张的一部分，即，由一个组织从另一个组织购买，但交付给第三方客户。这些服务被称为前端服务（Balakrishnan et al.，2008）或组件服务（Van Der Valk et al.，2009）。针对制造商，服务供应商和客户之间关系的分析，国外学界将其称为“服务三元组（Service Triad）”（Wynstra et al.，2015）。服务三元组现已成为运营管理和供应链管理领域的一个热点（Wynstra et al.，2015；Karatzas et al.，2016；Wuyts et al.，2015）。然而，现有文献几乎没有提到服务供应商的具体贡献，只聚焦于制造商的服务化（Karatzas et al.，2017；Bastl et al.，2012）。诸多研究强调制造商与服务供应商的合作关系只有经过精心管理才能成功，这意味着需要建立信息和知识交流的紧密联系（Bastl et al.，2012；Johnson & Mena，2008；Lockett et al.，2011；Windahl & Lakemond，2006）。还有研究发现服务供应商对产品公司积极的结果，例如，更多的增加值和更大的内部灵活性（Bastl et al.，2012；Finne & Holmström，2013）。其他研究也发现了（供应商）可能因产品公司的 PSS 开发带来的不利影响，例如，更高的复杂性和知识泄漏（Lockett et al.，2011；Davies et al.，2007）。但现有研究文献尚不清楚服务供应商支持在多大程度上是有益的。因此，本章的研究目的在于通过分析数字服务供应商的关系，探究制造商服务化构建的机理。

4.1　数字化背景下服务三元组的结构与服务类型

4.1.1　服务三元组的结构

诸多服务化文献提出了制造商发展工业服务的原因以及相关的运营挑

战（Wise & Baumgartner，1999；Oliva & Kallenberg，2003）。以前的研究重点是提供服务的制造商其产品和最终用户。因此，文献中讨论的大多数服务供应链都是二元的，因为它们仅包括供应商和制造商（Sampson，2000）。但是，在制造商担当系统集成商和解决方案提供商的角色的情况下（Davies & Brady，2000；Davies et al.，2007；Brax & Jonsson，2009），子系统供应商的合作对于服务范围和工业服务运营的有效性至关重要。虽然与最终用户紧密合作的系统集成商往往非常了解服务需求，但是供应商在为其所提供的子系统提供服务方面拥有关键的能力和资源。在这种情况下，服务化涉及整个供应链，包括子系统供应商、集成商（或制造商）和终端用户。其中，制造商与供应商签订合同，供应商直接向制造商的客户提供服务（Li & Choi，2009；Niranjan & Metri，2008）。基本服务三元组如图4－1所示。这种服务三元组是一种组织间关系的结构，它与在制造业中更线性的供应链结构不同。关于三元组结构的关键连接点是每个行动者与其他两个行动者的直接联系，这种连接可以是稳定的或间歇的。在这一点上，也可能有多个供应商服务对应一个制造商，就像传统三元组有多个供应商组件一样。

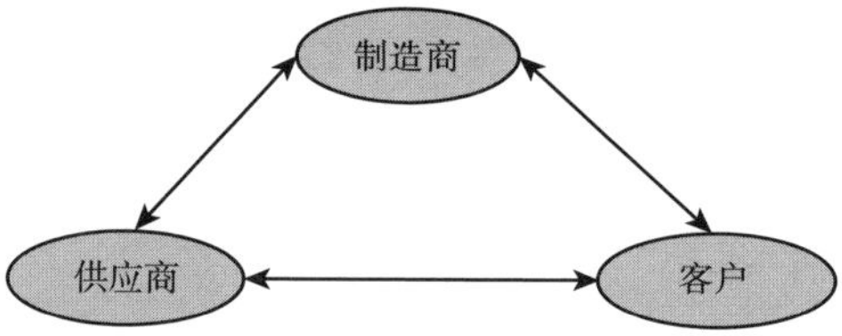

图4－1　服务三元组

在服务三元组与许多其他形式的三元组形成鲜明对比的是，供应商需要与客户直接交互，以便提供服务。对于这种交付，供应商依赖于通常来自客户的合作（Sampson & Froehle，2006），但在其他三元组中，通常也来自制造商或集成商的合作。因此，服务三元组与"双向服务供应链"不同（Sampson，2000），后者中的供应商只有一个可以依赖合作的对象，制造商（集成商）不仅是供应商依赖的合作对象，也是其服务的客户。因此，三元组提供了一个关键的背景，以更好地理解服务过程中各种合作的特征和相对重要性。固有的供应商—客户互动的概念也突出了制造商（集成商）在此类服务三元组中可能产生的影响。Finne 和 Holmström（2013）分析了子系统供应商绕过系统集成商（制造商）并直接与客户建立关系的过程。他们的（单个案例）研究表明，供应商的服务能力取决于对现场服务站点的访问和已安装的基础信息，这需要与客户建立关系。Baltacioglu 等（2007）将服务供应链定义为“供应商、服务提供商、消费者和其他支持单位组成的网络，这些网络执行生产服务所需资源的交易功能；将这些资源转化为支持和核心服务；以及向客户提供这些服务。”为客户服务的制造公司可以在服务供应链中担当系统集成商的角色。当制造商专注于通过集成产品，服务和信息的定制解决方案来解决客户问题时，就会产生服务三元组的结构（Davies & Brady，2000；Brax & Jonsson，2009）。

4.1.2 数字化对服务三元组的影响

在产品供应链中，供应链成员之间的二元关系通常就足够了。零部件供应商可能会与制造商的客户进行互动，但并不总是需要（见图4－2）。而且，与 Choi－Wu 研究一样，潜在三元组中的供应商与供应商互动可能会也可能不会发生。但是，在服务三元组中表现出更多的相互关系（Rossetti & Choi，2008；Gotzamani et al.，2010）。例如，服务三元组不仅将供应商联结到集成商，还联结到最终用户，供应商必须与客户直接联系（见图4－3）。由于互动流程中产生的服务性，服务三元组和传统三元组存在根本区别，至少在运营过程的层面上，使服务三元组内部的交互加强。根据这一观点，Li 和 Choi（2009）将客户联系（Chase，1981）作为一个显著特征，主要是划分供应商和客户之间的高频率联系的服务类型。

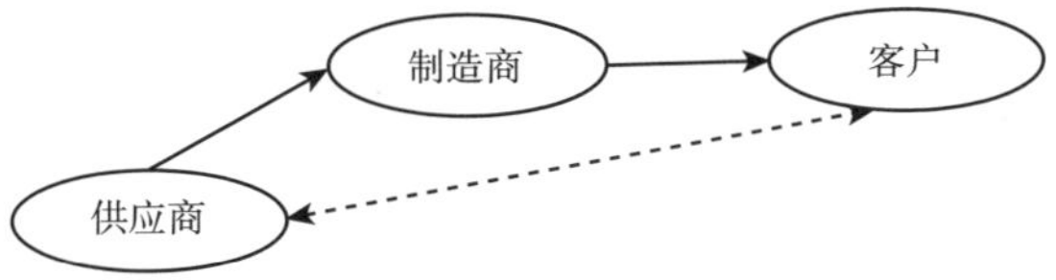

图4－2 传统制造供应链：基于信息交换的离散型三元组互动

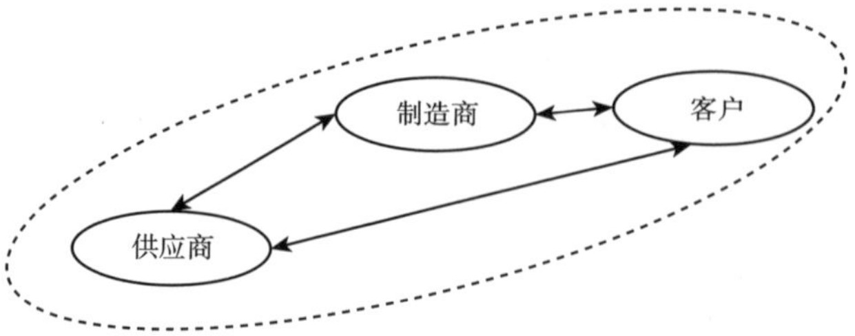

图4－3　服务三元组：供应链运营过程中三元组高频互动

以往的供应链管理的关键任务是设计、管理、运营，以满足特定客户的特定产品和服务（Hayes & Wheelwright，1979；Fisher，1997）。Choi－Wu关于供应商与供应商关系的研究主要集中在上游，旨在为企业如何管理上游供应网络提供理论和管理建议（Choi et al.，2001），以满足最终客户的需求。这时供应商并不能直接与终端客户联结，客户不是三元组的一部分（见图4－4）。现阶段技术重塑了战略和竞争的本质，通过数字通信技术，供应商能采用，设计和交付新的智能和互联产品，物联网解决方案的实施使供应商能为制造商增加以服务为导向的战略选择，从而产生由IT驱动的服务化。Clegg等（2006）定义了企业模块的集合（通过实施IT来提供帮助），以共同提供产品服务解决方案。供应商联系成为供应链绩效和价值创造的重要决定因素。联结渠道是客户与制造商前端服务之间的互动点，且供应商充当了价值共创互动的推动者，双方都可以采取行动（Bustinza et al.，2013）。与制造商前端客户联结渠道的研究可以使供应商更好地了解消费者的需求，因为它们是创造和获取价值的重要元素，在供应链中能控制与消费者接触联结的制造商或供应商具有议价能力。这时，服务三元组研究将客户整合为三元组成员（见图4－5），设计和管理供应网络（三元组）以满足终端客户需求，这体现了服务化过程中客户产生的价值共创作用。

值得关注的是，Sampson的联合服务理论（Unified Service Theory，UST）重视三元组中各方的作用，将服务理解为客户持续投入的一种流程（Sampson & Froehle，2006）。举例来看，假设卡车制造商将其卡车客户的

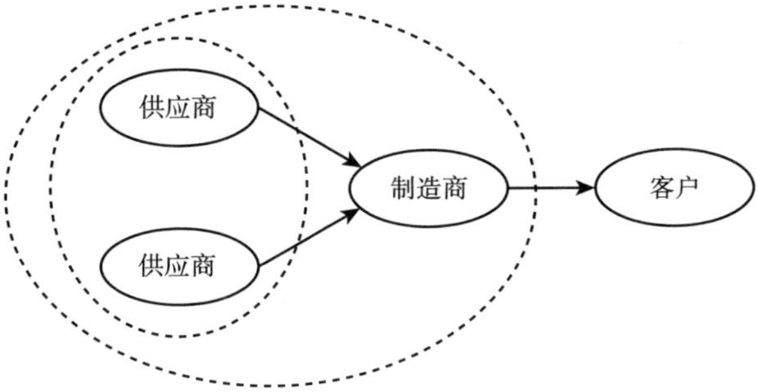

图4－4　与服务三元组分离的前端联结

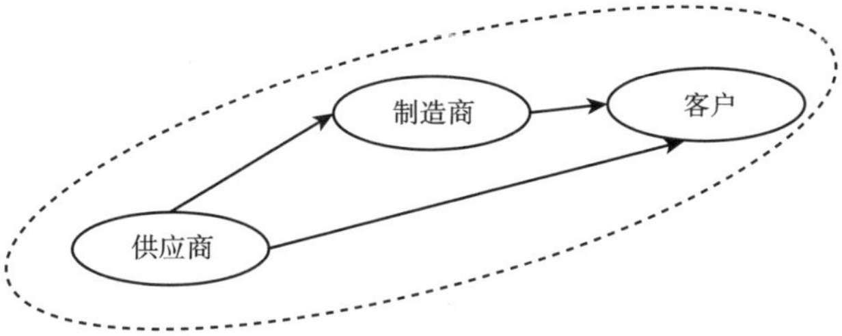

图4－5　包括在服务三元组内部的前端客户联结

运营业务外包给第三方供应商。UST方法强调最终客户可主动向供应商或者制造商提供允许卡车检测和维修的网络信息。然而，这时客户作为供应商的角色可能会被拆分：有些客户可能会为制造商提供信息，还有些客户则可能会向供应商提供信息（Sampson & Spring，2012）。从反面来看，这种现象在GM生产的汽车远程信息处理服务系统很常见，特斯拉的汽车远程监控系统同样如此。但是，如果这些服务系统来自外部的第三方IT供应商，这意味着制造商可能还需要承担供应商角色并向第三方IT供应商提供（即转换和传递）信息。但在三元组模式中，这会引发关于制造商应该如何管理这个交互过程的问题：它应该从客户那里获取诊断信息以传递给维护供应商，并设定供应商与客户的运营互动，还是应该只是一开始就将客户分配给服务供应商，然后把所有的细节留给其他两方自己安排？从短期来看，后一种情况对于制造商来说可能更有效，因为它并不具备提供相应服务的能力，但从长远来看，它可能会威胁到制造商在价值链上的地位。可见，制造商必须具备在客户和供应商之间发挥知识翻译的技能，同时需要编排协调（Hagel & Brown，2005）多个第三方。随着提供组合产品和服务系统的趋势日益增长，购买组织（制造企业）需要与越来越远离自己核心业务的服务供应商建立关系。以沃尔沃客车为例，现在需要与房地产经纪人以及亚洲的培训和招聘公司建立关系，以便能够提供完整的移动解决方案，因为未来的沃尔沃不仅制造公交车，还提供车库空间和训练有素的司机给客户。

4.1.3 IT 供应商与制造商关系的服务类型

数字技术是服务创新的引擎，因此，它使上游供应商能够从通过以产品为中心的传统商业模式获取价值转变为通过服务产品创造更大的价值（Holmström & Partanen，2014）。云计算、物联网等信息技术有助于服务化转型，因为它增加了从收集的客户信息中创建新的个性化定制服务的价值创造机会。基于高度的信息化发展水平和智能传感器，一方面，供应商可以通过重新获得与客户之间的联系和沟通渠道的控制权来重新平衡供应商与制造商（系统集成商）之间的关系；另一方面，根据市场需求，关键的服务或产品供应商需要发展有效地支持制造商（集成商）并与制造商、最终用户进行不同程度合作的能力。供应商不仅需要了解不同制造商或系统集成商的流程，还需要了解最终用户的流程。供应商和集成商之间的信任程度也会影响所需的技能类型，因为系统集成商将操作和维护交付的系统并协调供应商提供的服务。基于供应商与制造商关系的服务类型，请参见表 4－1。

表 4－1　IT 供应商与制造商关系的服务类型

服务类型	服务例子	关系	服务焦点
产品支持	维修服务	事务导向	产品的售后方面
客户支持	远程支持	客户导向	客户需求方面
流程相关	仿真	密切合作	内部流程方面

从产品支持（Product Support）服务开始，即更传统的售后服务，如维护和安装。这些服务的特点是供应商与产品用户之间的关系强度低，定制性和复杂性极低，并且具有基于事务的性质。为了成功提供产品支持服务，需要全面的产品知识以及劳动力和容量管理能力。然而在此条件下，信息交换很少，并且主要涉及技术和操作功能。如果供应商仅为客户提供产品支持服务，则制造商（买方）的议价能力将影响其向供应商提供相关信息。此外，供应商还将信息交换限制在合同要求的范围之内。但是，研究表明，产品支持服务可能需要比传统制造关系更紧密的制造商—供应商关系。

第二类重点是使用户正确与其产品交互的服务，即客户支持（Client Support）服务（Saccani et al.，2014）。例如，远程维护、客户支持服务建立在客户交互的基础上，因此供应商需要向制造商有效地交付客户导向服务的方法。但是，这些服务的复杂性和自定义级别可能会因业务环境而有很大差异。虽然技术信息的信息交换与产品支持服务的信息交换类似，但附加了与客户相关的信息，如投诉，感知到的产品或服务质量以及客户建议。需要进行这种交换才能创建有关客户行为和客户需求的共享知识。由于双方都有兴趣提高客户满意度并降低与服务交付相关的成本，因此买卖双方应保持合作关系并进行丰富的信息交流。

与流程相关的（Process Related）服务旨在响应特定的业务需求并改善与产品相关的流程（Saccani et al.，2014）。因此，为了成功提供 PR 服务，供应商需要对产品本身，单个用户需求以及目标组织的业务环境有深入的了解。与流程相关服务包括咨询服务或需要高度知识或专业水平的服务，该知识可用于测试和模拟产品可能创建的不同过程和方案。买方与供应商之间的信息交流是很充分的双向交流，以增加对客户价值创造过程的了解。双方都受益于这种信息共享，在最佳情况下，这可以促进新的创收机制的发展，如租赁使用模式、绩效服务模式。长期的关系需要大量的努力，因此，由于双方都渴望提高客户满意度并降低服务交付成本，因此应保持包含大量信息的合作。

4.2 基于关系观的中小制造商服务化能力构建

4.2.1 供应商合作与中小制造商服务化能力构建

关系观认为，企业在与其他企业建立关系时可以获得高于正常水平的收益（Dyer & Singh，1998）。Dyer 和 Singh 提出，企业的某些关键性资源可跨越组织界限，嵌入组织间的资源和惯例中，进而形成企业间的关系租金。该理论框架被称为“关系观”，它整合了 Porter 的外部产业结构观和 Barney（1991）、Wernerfelt（1984）的企业内部资源基础观，指出了影响组织关系租金创造的四个主要因素：互补性资源、特定关系资产、知识共享惯例和有效性治理，是价值创造理论在战略领域研究中的重要突破。关系观是公司（内部）资源基础观和动态能力的扩展（Eloranta & Turunen，2015）。从这个意义上讲，关系观的分析对象不是一个单一的公司，而是一个二元组甚至一个公司网络，企业可以通过外部合作伙伴的支持获得内部收益，而不是仅考虑经济租金的外包活动（Dyer & Singh，1998）。换而言之，在组织间资源互补的条件下，如果合作方能相互投资关系资产，并以一种特定的方式将互补性资源充分利用，就能创造出大于单个企业收益之和的超额利益即关系性租金，且这种关系性租金在市场上具备不可复制性。通过与外部供应商的合作，制造企业可以增加企业间的知识共享，从而改善内部业务发展，特别是当制造商寻求外部服务供应商的支持以提高服务知识和服务运营能力时（Ayala et al.，2017；Mathieu，2001b）。此外，由于特定关系资产，互补资源禀赋和有效治理，可以获得服务化优势。这些潜在的租金来源应建立在各方之间信任的基础上（Dyer & Singh，1998；Nordin，2008）。基于关系观理论，可以验证在获得服务供应商支持时，制造商是否能获得超额收益。

在服务化文献中，由于 PSS 产品的复杂性，中小型制造商经常寻求与其他公司的能力相互合作（Spring & Araujo，2013）。因此，服务化带来的竞争优势主要不是个体企业行为的结果，而是源于产品公司和服务供应商的之间的二元合作关系（Finne & Holmström，2013；Eloranta & Turunen，2015；Ayala et al.，2017）。然而，这种关系并不总是基于关系观中的预期信任（Dyer & Singh，1998；Nordin，2008）。在许多情况下，中小制造企业是在市场机会的驱使下，由于缺乏关于服务开发和交付的知识而与服务供应商建立合作。在这种情况下，制造商可以在开发其内部服务能力之前可以先利用与供应商的关系，但这种战略会对服务化关系的预期收益产生负面影响（Ayala et al.，2017）。从最近的文献来看，只有 He 和 Lai（2012）采用定量方法来研究制造商与其供应商之间关系（一般意义上的供应商，而不是专业的服务供应商）。从该篇文献来看，供应链的运营整合对产品导向的服务能力构建具有积极的直接影响，而战略整合对基于客户行为的服务能力构建具有积极的直接影响。然而没有文献进一步分析这种关系的额外影响。即，当制造商获得服务供应商的支持时，需要专注研究内部业务配置效应和收益，这是关系观的关注点之一（Dyer & Singh，1998）。

4.2.2 制造商不同导向的 PSS 收益

诸多文献声称服务化可以为产品公司带来广泛收益（Chesbrough，2011；Lindahl et al.，2014）。然而，制造商可以预期的收益取决于各自具体的服务化战略和其 PSS 的发展导向（Matthyssens & Vandenbempt，2010；Kapletia & Probert，2010）。Ayala 等（2017）在这方面考虑了两种类型的 PSS 定位：产品导向的 PSS 和服务导向的 PSS。在第一种情况下，制造商更专注于为他们的产品寻找尽可能多的用户和客户（Galbraith，2002）。此外，产品公司正以这些服务来扩展产品并支持其使用（Kowalkowski，Gebauer，Kamp & Parry，2017；Cusumano et al.，2015），如维护、交付备件或产品升级。在第二个焦点（服务导向的 PSS）中，制造商是以客户为中心，提供的解决方案可能不受产品本身的限制。产品公司通过提供服务来支持客户的活动（Kowalkowski，Gebauer，Kamp & Parry，2017）。这种方法通常会产生高度定制的解决方案，需要大量的客户参与，包括产品设计的潜在变化或产品的提供方式（Cusumano et al.，2015）。这种定制服务重点关注为客户产生的结果，其中一些示例是提供优化解决方案而不是简单设备或作为一种服务的产品销售。

正如 Ayala 等（2017）和 Kowalkowski 等（2015）指出的，中小制造商可以在其投资组合中发展不同的 PSS 方向，并且每个方向的预期收益是不同的。在产品导向的 PSS 收益方面，产品公司希望利用产品的销售将服务交付给现有客户，并从服务交付中收集的知识来开发新产品（Kowalkowski，Gebauer，Kamp & Parry，2017）。此外，该公司使用服务作为通过其现有产品接触新客户和市场的手段（Raddats et al.，2016；Gebauer et al.，2011）。因此，关于以产品为导向的收益，重点是公司的产品可以从服务中受益。关于服务导向的 PSS 收益，制造商希望通过建立忠诚度并提供新颖的解决方案来留住客户（Vandermerwe & Rada，1988；Santamaría et al.，2012），这些解决方案可以根据客户的需求和要求提供更多增值（Raddats et al.，2016；Matthyssens & Vandenbempt，2010）。在这种情况下，重点不是产品开发过程本身，而是制造商提供服务的更广泛的能力，这种能力不限于其现有产品，还能满足客户需求。需要强调的是，我们在研究中没有提到服务化可能带来的超额收益，超额收益是源自 PSS 不同导向发展的结果。因为可能是更高的利润率、稳定的业务收入或者更强的差异化产品（Mathieu，2001b；Suarez et al.，2013）。

4.3 研究假设与概念模型

4.3.1 中小型制造商构建服务化能力的维度

面向服务化的中小型制造商为实现潜在的市场收益，必须开发利用所需的资源完成内部业务转型（Baines & Shi，2015）。先前的研究解决了实施服务化所必需的不同结构变化（Gaiardelli et al.，2014；Rabetino et al.，2015；Bigdeli，Baines，Bustinza & Guang，2017）。针对服务化实施的具体背景，从战略变革文献中提出了一些主张。他们认为公司需要考虑实施三个主要方面的改变：选择实施战略的内容，即战略内容的改变；战略改变的过程揭示了其他的各种战略内容，即战略如何变化；以及公司发生变化的背景，即战略变革的原因。从关系观出发，本章强调基于外部供应商关系的战略内容的改变，即分析服务供应商可以支持服务化战略的哪种业务维度作为制造商服务化能力构建的重要因素。诸多文献论述了服务化战略内容在三个主要方面的变革（Böhm et al.，2017；Gebauer et al.，2012；Wit & Meyer，2010），综合如下：一是服务提供（service offering），即产品公司或制造商战略实施的核心，在本书情境下，服务提供的核心是服务化战略的发展实施；二是资源基础，即需要什么条件，即作为企业内部条件的知识、技能和能力等知识资源；三是活动系统，即应该开展哪些活动，分析制造企业实施服务化战略的活动和组织安排。接下来，本章将讨论上述三个维度，并提出这三个维度影响企业发展不同PSS收益的假设。

（1）服务提供维度。

本章将服务化中的“服务提供”维度定义为产品公司为客户提供价值中的服务导向性，这意味着产品公司应通过开发无形资源的战略目标以发展PSS。就服务提供维度而言，服务化带来的竞争优势是基于公司对客户如何感知附加服务价值的理解以及提供可持续的解决方案以满足客户期望的能力（Gaiardelli et al.，2014）。这种竞争优势将服务转化为有形产品价值的直接提升者（Windahl & Lakemond，2010；Mathieu，2001b）。提供有关产品的额外价值可以使客户更满意（Lockett et al.，2011）。此外，服务化策略可用于通过与客户的互动来增强信息共享，使公司能够使用新产品快速响应客户的需求（Baines et al.，2017；Cusumano et al.，2015）。因此，我们提出以下假设：

假设H4-1a：制造商的服务提供开发与更高的客户服务导向PSS产生的收益正相关。

假设H4-1b：制造商的服务提供开发与更高的产品导向PSS产生的收益正相关。

（2）服务化的资源基础维度。

第二个维度被称为“资源基础”（resource base），指的是公司所需要改变的与人力资产相关的资源和能力，如个人的经验、能力、知识和灵活性，为开发 PSS 产品的组织人力资源（Böhm et al.，2017；Gebauer et al.，2012）。服务化的新战略方向需要产品公司的结构变革（Kreye et al.，2015）。制造商需要重新调整其人力资源，以应对新的动态产品和服务市场条件，这需要更大的内部灵活性（Neu & Brown，2008）。新服务产品通常需要开发新的企业能力（Brax & Jonsson，2009）。人力资本和知识是竞争优势的主要来源，因为服务产品需要直接与客户打交道并解决问题，从而开发更高的差异化解决方案。参与服务活动的员工必须积极主动。他们需要具有更多的人际灵活性，并且他们必须比使用产品的员工更敏锐（Barnett et al.，2013）。此外，遵循服务化战略的产品公司还必须应对进一步的重大挑战，例如，由于组织结构的根本变化或员工对产品知识的不足导致的文化问题（Mont，2002）。当产品公司努力增强其资源基础以积极应对这些挑战时，制造商将从 PSS 交付中获得更多收益。对此，我们提出以下假设：

假设 H4-2a：制造商的服务资源基础与更高的客户服务导向 PSS 产生的收益正相关。

假设 H4-2b：制造商的服务资源基础与更高的产品导向 PSS 产生的收益正相关。

（3）服务化的活动系统。

业务系统的第三个维度是“活动系统”，在服务化背景下其意义为公司开发 PSS 产品涉及的内部组织流程。该定义考虑了产品公司必须实施的各方面的操作。其中一个方面是资源和功能过程的整合，即不同的团队、部门还有其他单位之间的整合（Tuli et al.，2007）。关于这方面，Paslauski 等（2016）指出了这一点，在售后支持和工程的整合以及在服务化过程中涉及的其他功能领域（例如，产品和营销）的知识转移活动对于 PSS 解决方案的成功至关重要。这种活动系统的另一个重要方面是解决方案包的定制水平（Durugbo & Riedel，2013；Mont，2002）。通常而言，个性化的解决方案与客户的满意度相关联，因为它需要更接近客户并与之进行互动活动。定制的解决方案包需要开发交互界面团队和流程，以便将产品公司的内部开发与市场的外部需求联系起来（Kindström & Kowalkowski，2009）。大多数产品公司通过标准化解决方案包（例如，售后服务）开始其服务化流程，并在转型开始后发展更具个性化的解决方案，为客户提供额外价值（Cusumano et al.，2015；Matthyssens & Vandenbempt，2010）。这种方法暗示公司和客户可共同设计产品和服务，共同创造和提供价值，从而提升客户忠诚度并吸引新客户（Durugbo，2014）。因此我们提出以下假设：

假设H4－3a：制造商的服务化活动系统与更高的客户服务导向PSS产生的收益正相关。

假设H4－3b：制造商的服务化活动系统与更高的产品导向PSS产生的收益正相关。

以上关于三个业务维度对服务化效益的直接影响的假设已有相关研究，因为先前的研究提出了产品公司中服务化实施的负面结果（财务和非财务）（Bigdeli，Bustinza，Vendrell－Herrero & Baines，2017）。当产品公司需要重新安排其业务结构并开发新的内部资源以支持其新的业务战略时，服务化失败的风险通常会增加（Benedettini et al.，2015）。因此，在分析服务提供商支持服务化实施的作用之前，首先讨论三种维度的直接影响。

4.3.2 IT服务供应商的调节效应

数字化是指越来越多地使用数字技术来连接人员、系统、公司、产品和服务，数字化有助于制造公司的服务化，为平台、智能产品和新颖的商业模式创造了新的机会。随着智能解决方案与其他公司的产品服务软件系统交互以实现智能自主生态系统，数字服务化要求跨公司边界进行协作。制造商在创建智能产品或产品服务系统时（如特斯拉、劳斯莱斯、卡特彼勒和许多其他公司），制造商必须跨公司界限寻求供应商的合作，智能解决方案的设计需要实现与其他许多制造商开发的解决方案的交互操作，这些解决方案由终端客户使用，分销商交付，并由不同服务合作伙伴维护和运营。因此，跨公司边界的智能解决方案集成至关重要。当制造商努力构建商业模式和推进其实践协作时，这种快速的转型需要来自技术、商业模式和协作三个方面的创新。

在服务化研究中，数字化越来越被视为商业模式、价值创造和价值获取的推动者和驱动力。通常，它有可能从根本上改善绩效并扩大公司的业务覆盖范围。特别是对于服务化而言，数字技术的使用可以促进不同类型的服务创新（Gago & Rubalcaba，2007）。首先，从工业或“后端”的角度来看，数字服务提供商旨在提高其有效创建解决方案的能力（Pawar et al.，2009；Storbacka et al.，2011）。公司基于后端运营中的大数据和云计算等新兴通讯技术提高了运营绩效，例如，通过自动化（Meredith，1987）和资源分配（Ness，Swift，Ranasinghe，Xing & Soebarto，2015）可提高全流程的透明性，以使生产决策更加明智。得益于数字技术的成功应用，协同研发、在线设计和柔性制造具备了实现的可能性，在某种意义上，这甚至破坏了传统的某些有关制造成本的一般假设（Nooteboom，1992）。因此，制造商在后端需要数字服务供应商提供相关知识，如通过提供建议或培训服务来改善自己的流程以及客户的流程。其次，从商业或“前端”角度来看，数字服务供应商旨在更好地了解制造商的价值创造过程，并帮助制造商实现其目标（Bettencourt & Brown，2013 年）。前端数字化可以创建自助式交互（例如，个人数字助理）来实现新型的客户互动（Yao，Strombeck & Chi，2005）。前端数字服务还提供了在制造商作为客户和供应商之间共享深入信息的可能性，从而形成对客户偏好的更深入了解。

在具体的影响上，IT 服务供应商的支持是产品公司克服服务化发展的障碍和挑战的可行性方案（Alghisi & Saccani，2015）。基于供应商关系，制造商可获取之前不可用的资源（Bastl et al.，2012）。供应商对产品公司战略目标的支持可以是获得服务供应商的独特资源，也可以是将服务部分外包（Van der Valk & Van Iwaarden，2011）。Ayala 等（2017）改变了 Petersen 等（2005）服务化背景下 NPD 项目中的制造商—供应商关系分类，形成产品公司如何得到服务供应商支持的三种不同形式，旨在开发和提供 PSS 解决方案。这些不同的形式是：产品公司仅设计几乎整个 PSS 解决方案，但服务部分的交付外包给服务供应商；产品公司将 PSS 解决方案的服务部分的所有开发和交付外包给服务供应商；两家公司在 PSS 解决方案的共同设计过程中共同合作。产品公司可以根据每个产品的特征和战略决策，在这些不同类型的关系配置之间选择（Ayala et al.，2017）。然而，这一决定可能直接影响内部服务化相关业务维度的结构方式。因此，研究这些不同形式的服务提供对产品公司从每个业务维度的服务化获得的利益的影响是很重要的。

（1）在服务提供方面，产品公司自身对新业务机会的理解以及对客户可能的新价值主张较为有限。了解制造商的外部服务供应商对 PSS 产品提供的潜在贡献可帮助实现产品公司创造关键附加值的愿景（Lockett et al.，2011）。因此，产品公司和服务供应商之间的合作可以使所提供的 PSS 解决方案的客户导向更强（Bastl et al.，2012）。此外，在服务合作伙伴的支持下，公司通常能够更好地补充或增加自己产品的功能，目的是利用销售和吸引新的消费者（Finne & Holmström，2013；Raddats et al.，2017）。因此，我们提出以下假设：

假设 H4－4a：制造商与 IT 服务提供商建立的支持服务化的关系积极地调节了服务提供（service offering）与制造商的客户导向 PSS 收益的关系。

假设 H4－4b：制造商与 IT 服务提供商建立的支持服务化的关系积极地促进了服务提供与制造商的产品导向 PSS 收益的关系。

（2）在资源基础方面，供应商的支持可能会影响资源基础维度，尤其在服务知识层面。因为制造商实现的服务化方式只能在内部开发所有服务功能或将其委托给供应商之间做出决定。这个决定类似于“制造或购买”产品决策（Paiola et al.，2013）。由于缺乏对服务流程的整体知识，产品公司的内部服务能力发展可能很困难（Bustinza et al.，2010；Raddats et al.，2017）。在与服务供应商合作期间，产品公司可以通过吸收服务供应商的知识，顺利地从人力资产中开发其所需的新功能（Neu & Brown，2008）。制造商与 IT 服务供应商的合作可以通过这种方式为产品公司提供必要的技能，而这种技能在没有这种合作关系的情况下是无法获得的（Raddats et al.，2017）。IT 供应商的知识和能力的巨大可以提供更大的内部灵活性，因为产品公司可重新配置与各个服务供应商的关系以应对挑战，更容易地适应市场需求（Finne & Holmström，2013）。因此，我们总结以下假设：

假设 H4 -5a：制造商与 IT 服务供应商建立的支持服务化的关系积极地调节了资源基础与制造商的客户导向 PSS 收益的关系。

假设 H4 -5b：制造商与 IT 服务供应商建立的支持服务化的关系积极地促进了资源基础与制造商的产品导向 PSS 收益的关系。

（3）在活动系统方面，开发和提供产品服务解决方案的过程的复杂性可以促使产品公司与外部服务供应商建立伙伴关系，因为这些制造商往往缺乏运营层面的能力（Meier et al.，2010）。许多制造商的服务运营之所以失败了，是因为在这个交叉领域缺乏运营专业知识（Turunen & Finne，2014）。特别是那些可以在解决方案中提供不同类型服务的能力知识，即不同级别的定制知识（Brax & Visintin，2017）。此外，在产品导向的 PSS 中，数字服务供应商对活动系统维度的支持可以通过促进与公司产品相关的新服务的引入来增加产品公司的利益（Raddats et al.，2017）。在客户服务导向的 PSS 中，具有高度知识的数字服务供应商的支持可以实现新的商业模式开发，例如，基于绩效的合同的商业模式，为客户提供了很高的附加价值（Ayala et al.，2017）。对此，可提出以下假设：

假设 H4 -6a：制造商与 IT 服务供应商建立的支持服务化的关系积极地调节了活动系统与制造商的客户导向 PSS 收益的关系。

假设 H4 -6b：制造商与 IT 服务供应商建立的支持服务化的关系积极地促进了活动系统与制造商的产品导向 PSS 收益的关系。

图 4 -6 总结了三个服务化业务维度（H4 -1，H4 -2 和 H4 -3）对产品导向和客户服务导向的 PSS 收益的直接影响，以及 IT 服务供应商在此三个关系中的调节作用。先前的研究表明，服务供应商对产品公司从服务化中获得的利益的积极作用。然而，一些研究者也表达了对将供应商纳入服务化过程的担忧。例如，制造商与供应商合作时“知识泄露”和机会主义威胁的风险可能会影响制造商的利益，导致 PSS 解决方案开发和实现困难（Cook et al.，2006；Bigdeli，Bustinza，Vendrell - Herrero & Baines，2017）。

当服务提供（offering）是 PSS 解决方案中最有价值的部分时，由于服务供应商充当了制造商和客户之间的中介，可能会使得制造商失去与客户的密切关系，进而导致产品公司在供应链中的战略地位削弱（Ellram et al.，2008）。此外，在 PSS 交付中与服务供应商合作的高度复杂性可能成为服务化成功的威胁。因此，IT 服务供应商支持产生的潜在负面影响需要测试这些参与者的调节效应，正如我们的假设所提出的那样。

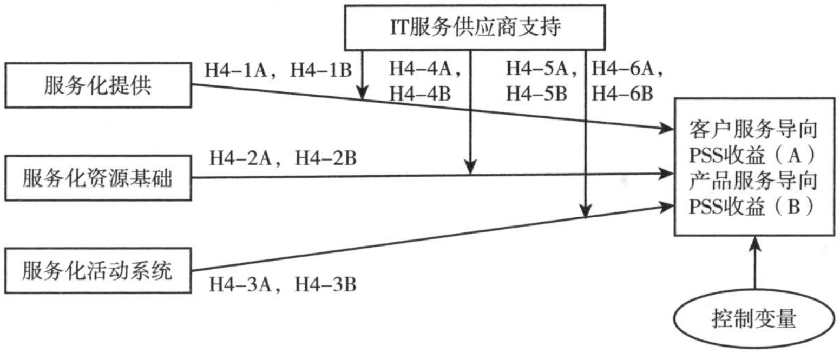

图 4-6　基于 IT 服务供应商支持的制造商服务化概念模型

4.4　本章小结

首先，本章介绍了服务三元组中制造商、服务供应商与客户三者之间的关系，指出服务三元组的独特性，揭示了制造商服务化能力形成的机理。其次，提出与服务化实施相关的三个业务维度，基于关系观来探讨服务供应商者在服务化战略的不同业务维度与制造商收益之间的关系中可能的调节作用。由于制造商的预期收益可能因其 PSS 方向而不同，因此本章考虑了客户两组收益，即产品服务导向和客户服务导向的 PSS 收益。最后，构建了基于数字服务供应商支持的制造商服务化概念模型，为后面实证研究来分析数字服务供应商支持对制造商服务化产生的影响提供基础理论。

第 5 章

IT 供应商合作下中小型制造商服务化量表设计

为保证概念模型实证研究的有效性，本章将着重阐述实证研究的设计和数据分析的过程。在广泛梳理国内外相关文献的基础上，借鉴成熟的研究量表，并结合对各行业企业的访谈，设计了制造商服务化能力构建的调查问卷，经发放问卷、收集数据，对本章的相关变量进行度量，下面我们将从问卷设计、变量测量、研究方法对本章进行实证研究。

5.1 问卷设计

5.1.1 问卷设计原则

首先，由于本章研究的是制造企业的服务化能力构建这一问题，因此实证调查对象的选择是准备实施或者有条件实施服务化转型的工业制造企业。同时，考虑到不同行业和地区的信息化发展水平的发展条件和特征的差异，本章的调查对象主要来自长三角经济发达地区的工业制造企业，涵盖的行业包括大型资本品设备、通信网络设备行业、医疗设备行业、电器设备行业、生物医药、能源与化工行业、传统机械制造业、钢铁冶金和其他共 9 个行业。这 9 大行业基本囊括了工业中的基础制造业和高新技术工业，因此调查对象的范围比较广泛，具有一定的代表性。最后，考虑到目前中国的经济发展形势，众多中小企业的发展状况还不大理想，实施服务化转型还存在一定的内部资源能力的限制，因此这些企业希望与IT供应商的合作关系，通过与IT公司达成战略联盟或合作伙伴关系，获取服务化所需的知识和资源，以此来推动制造商的产品服务化能力构建。

5.1.2 问卷设计过程

由于之前很少有关于服务化定量方面的研究以及关于产品公司与服务提供商关系的具体特征分析。本章通过分析若干来定义每个构念。我们将系统性文献综述的结果和我们与来自七家公司的专业人员进行的数次访谈中获得的信息进行了对比。这些专业人员从事服务供应商支持的PSS解决方案，并帮助我们完善从文献中获得的项目；在对每个构念中的要素进行定义之后，我们对来自三个高校的七名学者的修改意见进行了评估，每个学者都是根据服务化和PSS领域的专业知识选择的，请各位学者就问卷初稿的题项设计、语言逻辑和问卷格式等问题，向专家和其他的相关研究者征求修改意见；在修改意见的评估之后，我们重新考虑并调整了一些项目，而其他项目被删除以更好地代表每个构念的目标（例如，解决方案定制最初包含在“活动系统”构念中，但研究人员认为与该构念的其他项目相比超出范围，因此将其删除）。由于单个题项的度量的局限性，本章针对每个变量的不同维度及其子维度都采用了多题项设计，在测量题项意义一致的基础上，以求得较高的测量信效度；为了减少由调查者的职位差异性对研究假设和结构模型的影响，本章对企业的调查范围主要集中于研发部门和中级业务主管，调查对象则以工程师和管理人员为主，同时也选择一定数量的基层企业员工作为代表，最高比例不超过6：1；最后，调查工具单独提交给三名专业人员进行测试，以获得他们对问题清晰度的反馈，继而修改了一些变量的措辞以避免误解。

本问卷设计的数据均为截面数据，数据的收集采用问卷调查的方式。本章的问卷设计格式过程如下：首先，为体现问卷设计的意图和中心，问卷中的题目要紧紧围绕研究的主题和变量来进行设计，每一道题目都应忠实于概念模型；其次，问卷中问题表述的意思要完整、简洁，不宜过于专业化，这样才能使被访者清楚问题的内涵和意义；再次，问卷中问题设计要按照一定的顺序，自变量和因变量出现的次序要分清楚，且问题不宜过长；最后，要明确与问卷调查相关的背景，向被访者简要介绍问卷调查的目的、内容和研究者的相关情况，使对方能够认真对待问卷。

5.1.3 问卷设计的偏差处理

本章的问卷设计形式采用的是以 Likert 的五点量表（完全不同意～完全同意）来表示，每个题项表达得尽量简洁完整（16～24 个字）。由于问卷调查量较大，问卷被访者很可能出现的主观性偏差问题，如被访者不清楚问卷题项的答案，被访者难以回忆起问卷题项的答案，被访者清楚问卷的答案却不愿做答和被访者不明白问卷题项的意义。针对这四个问题，本章将采取有效的措施以将问卷设计的偏差最小化。首先，本问卷的发放对象包括企业研发部门的管理人员和工程师，他们对问卷中的问题都比较熟悉，且问卷设计完成前已经过了三轮修改，这一问题出现的概率不大；其次，被访者如果不记得企业的实际情况时，我们会告诉被访者只需提供现阶段企业创新的合作情况，不以曾经的实际做参考；再次，面对部分被访者的不愿合作时，我们将结合奖励和解释的方式，告诉被访者所有提供问卷的人员都会赠送一些礼品以示感谢，同时我们的问卷设计仅以学术为目的，可以保证信息的机密性，绝不会参与到商业用途中；最后，当被访者无法理解问卷中的题项时，我们会耐心向他们从企业的实践角度解释这类问题，同时留下联系方式，使被访者在不明白问题或者有其他建议时可以联系作者。

5.2 变量的测量

变量测量的题项主要有三个来源，一是直接引用国内外相关文献中已经论述过并测量过的题项；二是修改调整相关研究中已经使用过的测量题项；三是研究者根据现有的理论基础重新设计新的题项。

5.2.1 被解释变量

本章的研究对象为制造商服务化能力的构建，在概念模型中我们将服务化能力视为制造商通过实施服务化产生的收益，即概念模型中的被解释变量PSS收益。长期以来，尽管经济学和管理学领域涉及制造业服务化的研究都比较多，但目前对于产品公司的服务化能力的统一测量标准体系尚未形成，大多数研究测量的是生产性服务行业发展指标，而非针对企业产品的相关服务能力。在本章的研究中，问卷的被解释变量为制造企业的服务化收益，由于无法获取企业服务化的实际数据，因此，问卷对服务化收益的测量主要取决于答题者的主观判断。

我们测量了两个因变量：产品服务导向的PSS收益（P－O_BENEF）和客户服务导向的PSS收益（S－O_BENEF），用于具有多题项组合的产品公司，该项目考虑了基于每个构念的四个不同题项的整体服务化能力（见表5－1）。我们应用了Visnjic等（2016）的这种测量方法。该测量认为产品公司可以有两种不同的服务重点，产品导向或服务导向，这取决于重点是增加产品价值的服务还是增加客户价值的服务。由于同一家公司在其PSS产品组合中可以有不同的服务化方向，因此我们没有根据这一主题对公司进行区分。这两种服务导向的构念都是从营销和产品创新文献中改编而来的。基于Barczak等（2007）使用的一些项目和Lau等（2011）的产品市场绩效，我们将“产品导向的收益”构念的项目强调了服务化背景，其中两个题项侧重于新产品的效益（增强开发和销售）。另外，两个项目侧重于现有产品的效益（新客户和新市场方面的成就）。这两种类型的收益都与基于服务供应的产品相关。我们还根据Hennig－Thurau和Klee（1997）、Langerak等（2004）、He和Lai（2012）使用的客户导向绩效指标调整了“服务导向型收益”构念的项目。在最后一篇参考文献中，我们仔细考虑了客户行为导向的服务化构念项目，这些构念源自供应链服务化的研究。

表 5－1　　　　　　因变量测量——制造商服务化收益

被解释变量	具体测量指标	测量来源
产品服务导向 PSS 收益	我们的服务解决方案促进了对现有顾客的新产品销售	Ayala 等（2017）；Barczak 等（2007）；Lau 等（2011）
	我们的服务解决方案促进了新产品的市场增加	
	我们的服务解决方案通过现有产品组合获得了新的客户	
	我们的服务解决方案通过现有产品组合获得了新的市场	
客户服务导向 PSS 收益	我们的服务解决方案有助于留住客户并增加其忠诚度	Langerak（2004）；Hennig － Thurau 和 Klee（1997）；He 和 Lai（2012）
	我们的服务解决方案有助于针对客户需求改进产品	
	我们的服务解决方案经常被客户视为创新	
	我们的服务解决方案为客户带来显著的增加值	

5.2.2　解释变量

服务提供（Service Offering）构念强调用于服务化的业务配置中必需的战略元素。为此，我们根据 Bustinza 等（2015）调查的竞争差异化和客户满意度维度和 Gebauer（2008）调查的服务差异化维度开发了五个项目。

在资源基础（Resource Base）构念中，本章强调产品公司服务化商业模变革所需的内部知识资产和相关的人力资本。为了测量该构念，本章以 Story 等（2017）的四项量表和 Valtakoski（2017）的理论框架为基础。Story 等（2017）指出制造商提供服务所需的内部能力，而 Valtakoski（2017）则认为知识库也是服务化所必需的。本章在这些作者的想法基础上测量与知识、专业经验、能力和灵活性相关的资源基础构念。

活动系统（Activity System）强调通过整合制造业务中所需的操作运营要素来构建服务化。该构念主要基于对公司结构和流程的内部组织需求（Bustinza et al.，2015；Raja et al.，2018），构念灵感主要来自 Raddats 和 Kowalkowski（2014）、Paslauski 等（2016）的题项，通过测量不同领域进行整合的需求，实现公司的服务运营和交付。活动系统分析了产品和服务流程的整体集成（侧重于集成的 PSS）和公司相关的不同领域：即，具有新产品开发的服务功能、其他功能区域、外部客户集成和进一步的业务单元集成。总而言之，活动系统这一构念考虑了可以集成到制造商内的所有方面，旨在推动服务化战略的实施（见表5－2）。

表5－2　　自变量测量——服务提供、资源基础和活动系统

解释变量	具体测量指标	测量来源
服务提供	本公司的服务提供是战略竞争力的重要因素	Bustinza等（2015）；Gebauer（2008）
	我们主要在服务细分方面竞争	
	当我们识别了客户的需要后可立即提供服务	
	我们非常理解客户对服务价值的感知	
	我们比竞争对手的客户导向程度更深	
资源基础	为发展服务化，我们经常开发新的内部能力	Story等（2017）；Valtakoski（2017）
	本公司的人力资本是竞争优势的来源	
	本公司拥有的内部知识是竞争优势的来源	
	本公司对市场变化非常灵敏，并能快速适应	
活动系统	我们的服务和产品同步快速开发	Paslauski等（2016）；Raddats 和 Kowalkowski（2014）
	在制定新产品和市场决策时服务化发挥积极作用	
	本公司不同功能领域会在新产品和解决方案的开发中协同	
	本公司的客户积极参与了我们新产品和服务的开发	
	公司的其他业务部门在新产品和服务开发方面非常活跃	

5.2.3 调节变量

本章将IT服务供应商支持（SERV_SUPP）构念设定为调节变量。根据关系观的理论视角，本章强调，制造商可以与供应商建立不同类型的关系，这种关系并非基于传统的信任或规范等特征，而是彼此对双方互补性资产的识别和利用。由于缺乏关于服务开发和交付的知识，为构建自身的服务化能力，制造商与服务供应商建立合作。在这种情况下，制造商在开发其内部服务能力之前可以先利用与供应商的关系。

为了解以服务化驱动的制造公司如何整合服务提供商的此类知识。本章遵循了Ayala等（2017）的研究，并在Petersen等（2005）的基础上分析了供应商的不同关系。这些不同类型的关系考虑了在服务设计和交付中

供应商承担的不同角色：即，没有供应商参与设计的“白盒”模式（由供应商执行服务交付由制造商主导服务设计），供应商与制造商共同参与的“灰盒”模式（产品服务解决方案的联合设计），供应商外包服务设计的“黑盒”模式（服务解决方案由供应商设计，即服务设计外包）。如果制造商希望更快地进行服务化，则“黑盒”配置可能更合适，因为它要求与供应商的知识共享程度较低，并且制造商不需要开发自己的服务能力。但是，信任并确定合适的服务供应商可能成为难题，且制造商的商业模式的价值主张变得更加依赖服务供应商。如果制造商想要开发更强大的 PSS 解决方案，则他们可能会选择“灰盒”合作，但这可能需要与供应商进行更高程度的知识共享交流，尤其是对于服务导向的解决方案而言，需要更长的时间定义和执行，但由此产生的服务化商业模式变革可能更平稳和有效。“白盒”模式意味着制造商拥有内部服务能力，由制造商本身开发服务设计。因此，在这种情况下，制造商与服务提供商的知识共享就不那么复杂了，因为供应商仅成为服务执行者，但挑战是制造商如何在内部发展服务能力。

本章针对这些不同类型的制造商与服务供应商关系开发了四个题项，另外包括一项制造商关于 PSS 解决方案的供应商支持的总体观点（Ayala et al.，2017）。在考虑了制造商可采用不同形式的关系来获得服务供应商的支持前提下，本章制定了五个项目的综合量表（见表 5-3）。

表 5-3　调节变量测量——服务供应商支持

解释变量	具体测量指标	测量来源
服务供应商支持	提供给客户的主要服务主要由我们自己公司开发和执行	Petersen 等（2005）；Ayala 等（2017）
	提供给客户的服务主要由外包公司开发和执行（反向测量）	
	提供给客户的服务是我们公司中设计，但其执行是外包的	
	为开发服务，我们需要其他合作伙伴公司的互补能力	
	供应商是我们产品和服务开发方案的积极合作伙伴	

5.2.4 控制变量

遵循 Paslauski 等（2016）的做法，本章将控制变量纳入服务化绩效回归模型中。首先，我们把k个类别的多分类变量转化为k-1个虚拟变量后，每一个虚拟变量表示相对参照类的大小。基于此，我们考虑了两个虚拟变量来表示三个主要级别的公司规模：小型（<100名员工），中型（100~500名员工）和大型（>500名员工）。本章使用这种方法是因为服务化战略的实施是一种商业创新形式，文献表明，服务化战略受到公司规模的影响（Baines et al.，2017）。其次，我们将具体的业务形式（企业对企业，B2B=0；或企业对消费者，B2C=1）作为控制变量。我们分析控制变量的原因在于服务产品的类型和灵敏性在很大程度上也取决于制造商的客户服务对象是其他公司还是最终消费者（Tukker，2015）。最后，本章还使用产品和服务产品组合分布的百分比来考虑公司是否更倾向于产品或服务（Baines et al.，2009）。因为我们研究的是制造商的服务化，所以放弃了具有仅提供产品或只提供服务的企业。

5.3 研究方法步骤

为尽量提高样本分布范围的合理性和全面性，同时考虑到模型的复杂性和样本量的大小，本章将先对样本数据进行小范围的描述性统计分析，具体而言，本章将借助SPSS 18.0对量表的信度、效度、相关性系数、探索性因子分析，以此确定量表的科学性和完整性；在确立了量表的测量项目后，本章将进入全体样本数据的分析阶段，即采取结构模型方法对量表中的各个变量进行验证性因子分析，通过AMOS 21.0软件检验量表的结构效度和模型的适配度。在调节效应的检验中，本章将运用SPSS软件进行层次回归分析检验。进行调节效应检验前，先将自变量和调节变量做中心化处理，即将变量减去其均值生成一组新数据，然后将经过中心化处理的自变量和调节变量进行乘积形成交互项，最后依次进行层次回归分析检验；此外，对于样本中缺失的数据，本章采用了利用均值进行代替的办法加以处理。

5.3.1 描述性统计分析

描述性统计是样本数据分析的最基本资料，测量样本的各种特征及其所代表的总体的特征。描述性统计分析的项目很多，常用的如平均数、标准差、中位数、频数分布、正态或偏态程度等。这些分析是复杂统计分析的基础。本章将对样本数据中的企业行业、企业性质、企业规模等方面进行统计性分析。

5.3.2 信度与效度检验

信度是指测验结果的一致性、稳定性及可靠性，它是指采取同样的方法对同一对象重复进行测量时，其所得结果相一致的程度。从另一角度来说，信度就是指测量数据的可靠程度。一般多以内部一致性来加以表示该测验信度的高低。信度系数越高即表示该测验的结果越一致、稳定与可靠。信度分析的常用具体方法有重测信度、复本信度和内部一致性信度。本章将采用内部一致性信度中的"Cronbach Alpha"系数来测量每个变量所对应的题项。

效度即测量结果的有效性，它是指测量工具或手段能够准确测出所需测量的事物的程度。测量结果与要考察的内容越吻合，则效度越高；反之，则效度越低。就探索性因素而言，效度分为三种类型：内容效度、准则效度和建构效度。内容效度用于判断一个概念及其指标在经验或理论上的一致性主要依据研究者的主观评价；准则效度依赖于一个概念的新的测量指标和概念的相关程度如何；建构效度则是建立在若干概念及其所属的测量指标相互联系的分析基础上的。就验证性因素而言，效度主要分为聚敛效度和区别效度。本章的内容效度参考了国内外相关学者的问卷，并在改进的过程中参考了企业的实际情况，因此内容效度具有一定的可靠性。建构效度主要包括量表中的各个潜变量。本章在小样本数据分析阶段将针对这些题项做探索性因子分析，测量其建构效度，而在第 6 章的全部样本数据分析阶段本章将从验证性因素层面分析其聚敛效度和区别效度。

5.3.3　假设检验

为了验证本书提出的研究假设，本章将综合运用 SPSS 和 Amos 两个软件分析主效应和调节效应。主效应的检验将通过 Amos 来实现，Amos 软件先将分析出各个显变量相应的因子负荷量，然后计算出各个的潜变量信度和效度，最后得到所求潜变量间的回归系数和结构模型的拟合优度指标。而调节效应的检验将运用 SPSS 软件依次做分层回归来实现。

5.4　本章小结

本章先主要介绍了问卷设计的原则、问卷设计的过程和问卷设计的偏差处理措施，然后通过整理相关文献和参考企业管理人员的意见，设计了问卷中各个变量的测量方法，从而形成了本章研究的调查问卷，接着对本书的研究方法做了全面的介绍，为第 6 章进行实证分析奠定了基础。

第 6 章

IT 服务供应商合作下中小型制造商服务化能力结构模型分析

本章将基于前面论述的理论模型和假设，通过分析问卷调查的总体数据以对模型进行实证检验。本章主要包括数据收集与描述、样本的信效度分析、变量关系检验、研究小结四个部分。

6.1 样本数据收集与描述

6.1.1 样本数据的收集

本书的样本主要来自我国长三角工业制造企业中的 MBA 和相关研发、管理人员。我们首先与企业被采访人员进行半结构式的深度访谈，再结合企业的服务化解决方案开发和产品运营等问题来进行提问，使调查对象了解本次问卷中各变量题项的意义和研究目的。问卷的发放对象包括企业的董事会成员、研发部中高层管理人员、运营部、生产部门的研发工程师和其他部门了解本企业产品服务化转型的人员，本问卷总共发放 700 份，回收 540 份，回收率为 77.1%。剔除掉回答不完整的、明显错误的无效问卷，最后的有效问卷数量为 438 份，有效回收率为 62.6%。可见，本书的样本容量基本符合结构方程模型的要求。

本书的样本分布类别主要包括企业的行业、性质、规模、管理者职位和任职年限五类。涵盖的行业包括大型资本品设备、通信网络设备行业、医疗设备、家用电器、生物医药、能源与化工行业、机械制造业、钢铁冶金和其他制造业共 9 个行业；企业的性质包括国有企业、民营企业、外资企业和合资企业四种；企业的规模包括 100 人以下、100 ~ 500 人、500 ~ 1000 人、1000 人以上四种；管理者职位则分为董事会成员、研发部工程师、产品运营部工程师和其他部门员工四类；被调查者任职年限主要分为 1 年以下、1 ~ 3 年、3 ~ 5 年、5 ~ 10 年、10 年以上五种。样本的统计内容特征如表 6 – 1 至表 6 – 5 所示。

表 6 – 1　　被调查企业行业类别统计

行业	频数	百分比
大型资本品设备	42	9%
通信网络设备行业	95	22%
生物医药行业	66	15%
家用电器行业	64	15%
能源与化工行业	51	12%
传统机械制造业	56	13%
钢铁冶金行业	28	6%
其他制造业	36	8%
合计	438	100%

表 6 – 2　　被调查企业性质类别统计

企业性质	频数	百分比
国有企业	88	20%
民营企业	168	38%
外资企业	90	21%
合资企业	92	21%
合计	438	100%

表 6-3 被调查企业规模类别统计

企业规模	频数	百分比
100 人以下	212	48%
100~500 人	138	32%
500~1000 人	88	20%
合计	438	100%

表 6-4 被调查者职位类别统计

职位	频数	百分比
董事会成员	77	18%
研发部工程师	97	22%
产品运营部工程师	89	20%
销售部门工程师	103	24%
其他部门人员	72	16%
合计	438	100%

表 6-5 被调查者任职年限统计

任职年限	频数	百分比
1 年内	66	15%
1~3 年	88	20%
3~5 年	133	30%
5~10 年	98	22%
10 年以上	53	13%
合计	438	100%

6.1.2 样本数据的描述性统计

描述性统计指的是对样本数据的总体结构和特征进行的描述。常用的描述性统计分析的项目很多，常用的如平均数、标准差、中位数、频数分布、正态或偏态程度等，这些都是复杂统计分析的基础。其中，频率和频数是描述定性变量的两个重要指标。均值、中位数和众数是描述数据集中趋势的指标。极差、方差、标准差是描述数据变异程度的指标。偏度和峰度是描述数据分布形状的指标，如果数据是分布对称的，则偏度系数为0；如果偏度系数明显不等于0，数据分布则是非对称的；若偏度系数大于或者小于 -1，则被称为高度偏态分布。峰度是用来描述变量取值分布形态的陡缓程度的指标，指分布图形的尖峭程度或峰凸程度，取值范围可为正负或0。当偏度绝对值小于3、峰度绝对值小于10时，样本数据基本服从正态分布。从数据的描述性统计来看，变量的均值基本集中在3~4的区间，变量的标准差基本集中在0.9~1的区间，说明样本数据变异比较小。此外，样本数据的偏度绝对值全都小于1，峰度绝对值最大不超过6，由此可见样本数据符合正态分布。本书的样本数据描述性统计如表6-6所示。

表6-6 样本数据的描述性统计

编号	N	极小值	极大值	均值	标准差	偏度		峰度	
	统计量	统计量	统计量	统计量	统计量	统计量	标准误	统计量	标准误
P-O-B1	438	1	5	3.205	1.141	-0.503	0.139	-0.442	0.277
P-O-B2	438	1	5	3.244	1.061	-0.418	0.139	-0.342	0.277
P-O-B3	438	1	5	3.078	1.020	-0.344	0.139	-0.270	0.277
P-O-B4	438	1	5	3.469	1.133	-0.697	0.139	-0.256	0.277
S-O-B1	438	1	5	3.283	1.052	-0.384	0.139	-0.370	0.277
S-O-B2	438	1	5	3.511	1.058	-0.505	0.139	-0.298	0.277
S-O-B3	438	1	5	2.508	1.217	0.502	0.139	-0.524	0.277
S-O-B4	438	1	5	2.378	1.227	0.643	0.139	-0.479	0.277
OFF1	438	1	5	2.397	1.266	0.701	0.139	-0.589	0.277
OFF2	438	1	5	3.459	1.036	-0.654	0.139	-0.081	0.277
OFF3	438	1	5	3.182	1.038	-0.319	0.139	-0.330	0.277
OFF4	438	1	5	3.329	0.983	-0.221	0.139	-0.242	0.277
OFF5	438	1	5	3.313	1.076	-0.284	0.139	-0.619	0.277
RES1	438	1	5	3.215	0.987	-0.257	0.139	-0.266	0.277
RES2	438	1	5	3.280	1.029	-0.510	0.139	-0.177	0.277
RES3	438	1	5	3.065	0.985	-0.007	0.139	-0.467	0.277
RES4	438	1	5	3.241	0.984	-0.354	0.139	-0.267	0.277
ACT1	438	1	5	2.625	1.103	0.386	0.139	-0.360	0.277
ACT2	438	1	5	3.368	0.989	-0.445	0.139	-0.326	0.277

续表

编号	N	极小值	极大值	均值	标准差	偏度		峰度	
	统计量	统计量	统计量	统计量	统计量	统计量	标准误	统计量	标准误
ACT3	438	1	5	3.518	1.011	-0.642	0.139	0.032	0.277
ACT4	438	1	5	3.459	1.004	-0.395	0.139	-0.191	0.277
ACT5	438	1	5	3.528	1.011	-0.573	0.139	-0.104	0.277
SUPP1	438	1	5	3.619	0.879	-0.570	0.139	0.505	0.277
SUPP2	438	1	5	3.580	0.948	-0.602	0.139	0.171	0.277
SUPP3	438	1	5	3.381	0.960	-0.515	0.139	-0.126	0.277
SUPP4	438	1	5	3.365	0.959	-0.294	0.139	0.223	0.277
SUPP5	438	1	5	3.479	1.001	-0.325	0.139	-0.371	0.277

6.2 样本数据的信度与效度分析

6.2.1 样本数据的信度分析

信度分析是用来测量变量一致性的有效方法。本书将分别对产品导向 PSS 收益、客户导向 PSS 收益、服务提供、资源基础、活动系统和供应商支持（剔除反向测量指标）六个构念进行 Cronbach α 系数检验，如表 6-7 所示。

表 6-7 各变量信度分析

变量		编号	CITC	删除指标后的 α 系数	维度 α 系数
服务化收益	产品导向 PSS	P-O-B1	0.649	0.774	0.829
		P-O-B2	0.734	0.685	
		P-O-B3	0.636	0.787	
		P-O-B4	0.687	0.775	
	客户导向 PSS	S-O-B1	0.682	0.779	0.834
		S-O-B2	0.728	0.754	
		S-O-B3	0.753	0.803	
		S-O-B4	0.768	0.812	

续表

变量		编号	CITC	删除指标后的α系数	维度α系数
服务化收益	服务提供	OFF1	0.727	0.798	0.824
		OFF2	0.691	0.715	
		OFF3	0.711	0.731	
		OFF4	0.777	0.748	
		OFF5	0.681	0.708	
	资源基础	RES1	0.638	0.750	0.795
		RES2	0.658	0.728	
		RES3	0.662	0.724	
		RES4	0.716	0.737	
	活动系统	ACT1	0.769	0.828	0.850
		ACT2	0.677	0.711	
		ACT3	0.683	0.717	
		ACT4	0.773	0.800	
		ACT5	0.754	0.860	
IT供应商支持		SUPP1	0.681	0.852	0.887
		SUPP2	0.683	0.851	
		SUPP3	0.725	0.841	
		SUPP4	0.709	0.845	

6.2.2　样本数据的效度检验

效度是指量表指标能够反映变量的程度，从小样本的效度测量可知，本书在小样本数据分析中测量了变量的内容效度和建构效度，证明了量表效度建构的有效性。接下来本书将以验证性因素分析变量的收敛效度和判别效度。收敛效度也称为聚敛效度或聚合效度，它测量的是相同潜在特质的指标变量位于相同的因素层面中，此时该指标变量在此潜在变量会有较高的因素负荷量，这些测量指标间会有高度的相关。如果一潜在构念的指标变量间有较高的相关，且这些指标变量测得的心理潜在特质的同构性变大，则这些测量指标变量反映的潜变量聚敛效度良好。本书将采用结构方程的验证性因子分析来检验各变量的聚敛效度。

（1）聚敛效度。

聚敛效度的检验一般从因素负荷量、平均方差抽取量和组合信度三个方面来判断。在测量模型中，一个潜变量对测量指标有较高的因素负荷量，这表示测量变量能有效地反映共同因素，其标准在于因素负荷量或标准路径系数均达显著，且因素负荷量的数值要高于0.50，最好是0.70以上，标准化路径系数应介于 -1.00 ~ 1.00。标准化路径系数也称为因素加权值或因素负荷量，代表共同因素对测量变量的影响。标准化路径系数是变量标准化后的路径系数，非标准路径系数给出自变量改变一个单位时因变量或中间变量的改变值；标准路径系数用于评估结果变量对预测变量的相对贡献，表示自变量改变一个标准差时因变量或中间变量的改变量。标准化路径系数的平方为测量题项的共同性，表示的是测量题项可以被潜在因素解释的变异程度。共同性又被称为题项变异的被抽取量，当标准化路径系数在0.71以上时，潜在共同因素可以解释测量变量的变异量会大于50%，因此潜变量对测量变量的标准化路径系数高于0.71，表示潜变量的聚敛效度良好。量表中各变量的原始路径系数和标准化路径系数如表6-8所示。

表6-8　量表因子负荷参数估计

因子	非标准化参数			R^2	标准化参数估计值
	原始参数估计值	标准误	临界比值（C.R.）		
OFF1←服务提供	1.263	0.088	14.270***	0.708	0.841
OFF2←服务提供	1.226	0.084	14.666***	0.762	0.873
OFF3←服务提供	1.105	0.079	11.276***	0.738	0.831
OFF4←服务提供	1.000	—	—	0.649	0.741
RES1←资源基础	1.116	0.091	12.291***	0.596	0.772
RES2←资源基础	1.036	0.084	12.290***	0.596	0.772
RES3←资源基础	1.031	0.078	11.472***	0.684	0.803
RES4←资源基础	1.000	—	—	0.548	0.740
ACT1←活动系统	1.031	0.066	15.657***	0.708	0.841
ACT2←活动系统	1.113	0.068	16.451***	0.802	0.901
ACT3←活动系统	1.034	0.071	13.264***	0.761	0.793

续表

因子	非标准化参数			R^2	标准化参数估计值
	原始参数估计值	标准误	临界比值（C. R.）		
ACT4←活动系统	1.112	0.069	12.375 ***	0.697	0.716
ACT5←活动系统	1.000	—	—	0.616	0.785
SUPP1←供应商支持	0.926	0.071	13.133 ***	0.582	0.763
SUPP2←供应商支持	1.083	0.087	14.872 ***	0.683	0.725
SUPP3←供应商支持	1.106	0.076	14.639 ***	0.688	0.727
SUPP4←供应商支持	1.000	—	—	0.675	0.821
P－O－B1←产品服务	0.867	0.067	12.968 **	0.566	0.752
P－O－B2←产品服务	1.000	—	—	0.608	0.780
P－O－B3←产品服务	0.909	0.069	13.259 ***	0.597	0.773
P－O－B4←产品服务	1.002	0.072	13.898 ***	0.665	0.815
S－O－B1←客户服务	1.000	—	—	0.422	0.690
S－O－B2←客户服务	1.377	0.113	12.230 ***	0.802	0.896
S－O－B4←客户服务	0.903	0.114	13.648 ***	0.716	0.778
S－O－B4←客户服务	1.469	0.122	12.089 ***	0.727	0.853

平均方差抽取量（average variance extracted，AVE）表示被潜在变量所解释的方差量中有多少来自测量误差，若平均方差抽取量越大，指标变量被潜在变量变异量百分比越大，相对的测量误差就越小，一般的判别标准是平均方差抽取量要大于0.50。AVE 是聚敛效度的指标之一，它是潜变量可以解释其指标变量变异量的比值，数值越大，表示测量指标越能有效反映其潜变量的特征。AVE 作为共同性平均或者完全标准化因素负荷量平方的平均值，如果 AVE 值小于0.50，意味着测量模型中潜在因素可以解释指标变量的变异量小于误差项可以解释的变异量。AVE 估算公式如下：

$$\rho_v = \frac{\sum \lambda^2}{[\sum \lambda^2 + \sum (1 - \lambda^2)]} \tag{6-1}$$

其中，λ 为指标变量在潜在变量的因素负荷量。

在验证性因素分析中，信度也是聚敛效度的指标值之一。在小样本的信度分析采用的是探索性因素分析的内部一致性 Cronbach'α 系数，但在验证性因素分析中的信度分析采用的是潜在变量的组合信度（composite reliability），它是模型内在质量的判别准则之一，是检验潜变量的信度质量的指标，若潜在变量的组合信度值在0.60～0.70，表示测量模型的信度佳，0.70以上为良好。组合信度表示一组测量指标变量的一致程度，若建构信度系数值越高，表示这组测量指标变量间的关联程度越大，即所测得的潜在特质的一致性越高。组合信度公式如下：

$$\rho_c = \frac{(\sum \lambda)^2}{[(\sum \lambda)^2 + \sum (1 - \lambda^2)]} \tag{6-2}$$

其中，ρ_c 为组合信度，λ 为指标变量在潜在变量上的因素负荷量。

将量表中各个指标变量在潜变量上的因素负荷量代入以上两个公式，如表6-9所示。

表6-9　各变量的收敛效度检验

变量	测度条目	标准化因素负荷量（λ）	平均变异抽取量（AVE）	组合信度（CR）
服务提供	OFF1	0.763	0.607	0.822
	OFF2	0.821		
	OFF3	0.752		
	OFF4	0.643		
资源基础	RES1	0.780	0.623	0.832
	RES2	0.773		
	RES3	0.815		
	RES4	0.724		
活动系统	ACT1	0.650	0.687	0.846
	ACT2	0.836		
	ACT3	0.713		
	ACT4	0.721		
	ACT5	0.853		
供应商支持	SUPP1	0.841	0.673	0.860
	SUPP2	0.864		
	SUPP3	0.751		
	SUPP4	0.682		

续表

变量	测度条目	标准化因素负荷量（λ）	平均变异抽取量（AVE）	组合信度（CR）
产品导向PSS收益	P-O-B1	0.805	0.592	0.813
	P-O-B2	0.768		
	P-O-B3	0.733		
	P-O-B4	0.686		
客户导向PSS收益	S-O-B1	0.775	0.657	0.852
	S-O-B2	0.820		
	S-O-B3	0.676		
	S-O-B4	0.835		

从表6-9中可知，本书中的标准化项目负荷量均大于0.6，组合信度均大于0.7，各潜在变量的平均变异抽取量除服务提供和产品导向PSS收益这两个潜变量略小以外，其余潜变量均达到了较高水平，因此，本书中所有测量题项均收敛于各对应的因素，即具有较好的收敛效度。

（2）区别效度。

区别效度是指构面代表的潜在特质与其他构面所代表的潜在特质间低度相关或显著的差异存在。潜变量的区别效度是指个别测量题项应该只反映一个潜变量，测量模型中应该没有跨因素指标存在，如果有，则说明测量模型的区别效度不大好。以一个包含两种潜变量的量表为例，若两个潜变量的相关系数不显著等于1，表示两个潜变量之间有显著的区别效度。本书将采用卡方差异检验法来判别量表是否具有区别效度，利用单群组两个模型的方法，分为未限制模型和限制模型，未限制模型潜变量间的协方差为自由估计参数，限制模型的潜变量间协方差为固定参数，然后进行两个模型的卡方差值比较，若卡方值差异量变大，且达到显著水平，即卡方值大于3.84，P小于0.05，则表示潜变量的关系不是完全相关，反之则表示相关系数为1，两个潜变量完全相关。由于积差相关是两个变量的协方差除以两个变量的标准差，因而首先将两个变量的方差设定为1，协方差也设定为1，此为受限模型，不受限模型的协方差则为自由参数。将自变量服务提供、资源基础和活动系统三者进行两两配对，区别效度检验分析摘要如表6-10、表6-11所示。

表 6-10 自变量区别效度检验摘要

模型与统计量 / 配对潜在变量	受限模型			未受限模型			卡方值差异量	自由度差异值
	ρ_2	Df	χ^2	ρ_1	df	χ^2	$\Delta\chi^2$	Δdf
服务提供—资源基础	1.00	23	356.266	0.78	22	56.356	299.91***	1
资源基础—活动系统	1.00	23	207.979	0.82	22	38.14	169.839***	1
服务提供—活动系统	1.00	23	192.931	0.85	22	72.358	120.693***	1

表 6-11 因变量区别效度检验摘要

模型与统计量 / 配对潜在变量	受限模型			未受限模型			卡方值差异量	自由度差异值
	ρ_2	Df	χ^2	ρ_1	df	χ^2	$\Delta\chi^2$	Δdf
客户服务 PSS 收益—产品服务 PSS 收益	1.00	9	312.376	0.84	8	235.688	76.688***	1

6.3 研究假设检验

6.3.1 结构方程模型评价

本书使用结构方程模型对 H1a、H1b、H2a、H2b、H3a 和 H3b 共 6 个研究假设进行检验。由于本问卷所有题项的样本数据的偏度绝对值全都小于 1，峰度绝对值最大不超过 6，因此大体上符合正态分布，适用最大似然法估计参数。基于此，本书使用 Amos 软件分析结构模型的整体拟合情况和路径系数，然后进行中介效应检验。由于受样本量影响较大，因此本书综合选择 GFI、AGFI、RMR、RMSEA、CFI、NFI、cmin/df 等指标全面检定假设模型的拟合情况。从表 6-12 的结构模型拟合优度指标中可以看出，模型的整体拟合指标等于 686.75（$P<0.001$），该值用来检验选定的模型协方差矩阵与观察数据协方差矩阵匹配度。整体而言，结构模型与样本数据的契合度较好。

表6-12 结构模型的拟合优度指标

拟合指标	指标值	判定标准
卡方自由度比（cmin/df）	2.367	<3 极好
适配度指数（GFI）	0.878	>0.8 较好
良适性适配度指标（AGFI）	0.854	>0.8 可接受
比较适配指数（CFI）	0.836	>0.9 极好
规准适配指数（NFI）	0.875	>0.8 可接受
残差均方和平方根（RMR）	0.045	<0.05 极好
渐进残差均方和平方根（RMSEA）	0.057	<0.06 极好

6.3.2 模型主效应分析

将客户服务导向和产品服务导向的PSS收益作为因变量的两个模型（分别表示控制变量、主效应）展示了统计推断结果。首先，在主效应中，H1（H1a，制造商的服务提供开发与更高的客户服务导向PSS产生的收益正相关；H1b，制造商的服务提供开发与更高的产品导向PSS产生的收益正相关）和H2（H2a，制造商的服务资源基础与更高的客户服务导向PSS产生的收益正相关；H2b，制造商的服务资源基础与更高的产品导向PSS产生的收益正相关）在产品导向和服务导向的模型2中都完全成立。然而，在两个主效应回归的模型2中，H3a成立，但H3b并不成立（H3a，制造商的服务化活动系统与更高的客户服务导向PSS产生的收益正相关；H3b，制造商的服务化活动系统与更高的产品导向PSS产生的收益正相关）。其次，本书的模型1中的所有控制变量对客户服务导向和产品服务导向的PSS收益影响都不具有显著性，如表6-13所示。

表6-13 主效应回归结果

变量名	客户服务导向PSS收益（S-O-B）		产品服务导向PSS收益（P-O-B）	
	模型1	模型2	模型1	模型2
Control 1：大型企业	-0.175	-0.143	-0.147	-0.109
Control 2：中型企业	-0.173	-0.258	0.013	-0.087

续表

变量名	客户服务导向 PSS 收益（S－O－B）		产品服务导向 PSS 收益（P－O－B）	
	模型 1	模型 2	模型 1	模型 2
Control 3：业务形式	－0. 272	0. 027	－0. 138	0. 145
Control 4：产品组合	－0. 28	－0. 051	－0. 286	0. 003
Independ 1：服务提供		0. 271 ***		0. 341 ***
Independ 2：资源基础		0. 149 **		0. 133 *
Independ 3：活动系统		0. 198 **		0. 111
Indenpend 4：供应商支持		－0. 109 **		－0. 157 **
F 值	1. 1	14. 21 ***	1. 01	11. 18 **
R^2	0. 05	0. 59	0. 04	0. 47
调整的 R^2	0. 01	0. 48	0. 002	0. 38
改变的 R^2		0. 65 ***		0. 39 ***
注：n＝438				

注：*** 、** 与 * 分别表示在 1% 、5% 与 10% 的水平上显著。

6. 3. 3 调节效应检验

本书假定变量服务化提供、服务化资源基础、服务化活动系统分别与客户服务导向 PSS 收益、产品服务导向 PSS 收益的关系是 IT 服务供应商支持的函数。分析数字服务供应商支持对于服务化提供与客户服务导向 PSS 收益之间关系的调节效应，本书将运用 SPSS 软件来进行层次回归分析检验。先将自变量和调节变量做中心化处理，即将变量减去其均值生成一组新数据，然后将经过中心化处理的自变量和调节变量进行乘积形成交互项，最后依次进行层次回归分析检验。同样地，IT 服务供应商支持对于服务提供与产品服务导向 PSS 收益之间关系的调节效应也用该方法进行检验。最后本书依次得到 IT 服务供应商支持分别与资源基础、活动系统的交互效应影响系数，结果如表 6－14 所示。

表 6-14　　调节效应回归结果

自变量	客户服务导向 PSS 收益（S-O-B）	产品服务导向 PSS 收益（P-O-B）
	模型 3	模型 3
Control 1：大型企业	-0.009	-0.105
Control 2：中型企业	-0.178	-0.04
Control 3：业务形式	0.036	0.127
Control 4：产品组合	-0.035	0.049
Independ 1：服务提供	0.321 ***	0.363 ***
Independ 2：资源基础	0.154 **	0.13 *
Independ 3：活动系统	0.176 **	0.114
Indenpend 4：供应商支持	-0.119 **	-0.151 **
供应商支持×服务提供	-0.109 **	0.143 **
供应商支持×资源基础	0.071	-0.042
供应商支持×活动系统	0.11 *	-0.103 *
F 值	12.94 ***	8.78 ***
R^2	0.62	0.53
调整的 R^2	0.51	0.48
改变的 R^2	0.04 *	0.05 *
注：n=438		

注：*** 、** 与 * 分别表示在 1%、5% 与 10% 的水平上显著。

从表 6-14 可看出，在以服务导向的 PSS 收益作为因变量的回归模型中，第三个模型包含调节效应，具有统计显著性（F 值 = 12.94，$P < 0.01$），解释了 51% 的因变量差异（调整的 R^2 = 0.51）；在以产品导向的 PSS 收益作为因变量的回归模型中，第三个模型包含调节效应，具有统计显著性（F 值 = 8.78，$P < 0.01$），且解释了 48% 的因变量差异（调整的 R^2 = 0.48）。当我们在模型 3 中添加了服务供应商的调节效应之后，服务提供和活动系统两者在因变量服务导向收益和产品导向收益的模型中交互效应显著。这些结果支持我们的 H4b（制造商与 IT 服务提供商建立的支持服务化的关系积极地促进了服务提供与制造商的产品服务导向 PSS 收益的关系）和 H6a（制造商与 IT 服务供应商建立的支持服务化的关系积极地调节了活动系统与制造商的客户服务导向 PSS 收益的关系）。然而，对于另外两个假

设 H4a（制造商与 IT 服务提供商建立的支持服务化的关系积极地调节了服务提供与制造商的客户服务导向 PSS 收益的关系）和 H6b（制造商与 IT 服务供应商建立的支持服务化的关系积极地促进了活动系统与制造商的产品服务导向 PSS 收益的关系），回归系数与预期的相反，同时 H5a（制造商与 IT 服务供应商建立的支持服务化的关系积极地调节了资源基础与制造商的客户服务导向 PSS 收益的关系）和 H5b（制造商与 IT 服务供应商建立的支持服务化的关系积极地调节了资源基础与制造商的产品服务导向 PSS 收益的关系）在本模型中影响系数并不显著。

6.4 本章小结

本章根据理论模型和假设对样本数据进行了全面的统计分析。首先本章介绍了样本收集的来源和样本数据的分布情况，其次对样本的数据进行了描述性的统计分析，分析了所有变量的均值、标准差、偏度和峰度，再次从验证性因素分析的层面对样本的信度和效度进行了测量，之后对模型中的所有假设和模型适配度进行了检验，包括主效应和调节效应检验，最后针对实证分析的结果，结合我国企业发展的实际进行讨论和解释。

第 7 章

研究结论与展望

7.1 主要研究结论

7.1.1 制造企业服务化转型的商业模式创新

随着云计算、物联网能等新一代信息技术和传统制造业的不断发展融合，制造业的产业形态和创新趋势一方面逐渐被来自市场终端的用户所主导，越来越多的服务开始嵌入产品的生命周期，制造商与客户传统的业务合作方式以及产品的开发、制造和交付方式发生了显著的变化。首先，由于市场需求正从产品消费导向转为以结果需求导向，客户希望获得额外服务，以改善他们在接触这些产品时所获得的体验，或者在某些情况下，客户不希望承担通过购买产品产生的成本，而是希望仅获得产品使用所固有的价值，从而将其作为服务消费。这一变化导致了制造商的服务化战略转型，最典型的就是以产品为中心的公司向产品服务系统的转型。这种转型直接涉及了公司原有价值架构的大规模调整，原有的价值创造、价值交付和捕获机制以及互补性都将产生革命性变化。作为制造商的一种业务战略方向，服务化转型属于制造商自身的商业模式创新（BMI），它可能发生在行业发展的不同阶段。其次，在价值链上游的工程技术方面同样产生了显著变化，以工业互联网平台为代表的新型物联网技术推动了不同新兴技术的融合，形成了可以为工业活动创造价值的网络物理和智能系统（Cyber－Physical Systems，CPS）。例如，德国的工业4.0包含了由集中式控制向分散式增强型控制的基本模式转变，从而建立一个高度灵活的个性化和数字化的产品与服务的生产模式。诸如西门子、通用电气等国际大型制造商在工业自动化方面发展到了很高的成熟度，且正朝着这个新的技术阶段发展。通过嵌入式的处理器、存储器、传感器和通信模块，把设备、产品、原材料、软件联系在一起，使得产品和不同的生产设备能够互联互通并交换命令，进而使得在线共同研发设计、协同生产、柔性制造逐渐转变成为现实。这种技术推动的创新还导致了制造企业商业模式的突破式创新。

本书认为，两个行业趋势即服务化和工业互联网都推动了商业模式创新，两者之间存在共同的交集，本书的概念框架为现存的服务化和工业互联研究提供了一个统一的视角。第一，就技术推动创新以及技术推动与需求拉动协同创新的工业互联网制造服务而言，服务化的前端数字化也可以作为后端数字化的重要支持，这强化了改进制造公司价值架构的双重商业模式创新的循环，因此，可以通过数字工具促进内部和外部组织过程的整合；第二，工业互联网等是实现工业化和服务化融合的基本工具，与工业互联网应用相关的服务需要三种主要的信息化集成技术，即物联网、云计算和预测分析信息工具的支持，这些信息化技术能够向客户提供数字解决方案，同时收集客户交互产生的数据，进而促进客户需求和内部流程增值两者协同的商业模式创新；第三，本书强调工业互联网应用相关的服务可整合从外部客户需求到公司内部流程的价值，这种整合能够降低制造和工程内部成本，提高制造生产率、灵活性。这些制造服务的价值在理论上扩展了未来对服务化绩效及其可能的悖论的研究和讨论的需要。

7.1.2 制造业核心企业服务化能力形成及价值链治理

核心制造商早期的服务化战略都集中为产品平滑型服务，企业实施服务化战略和构建产品服务组件的目的都在于提高产品的销售业绩，这一点在前面的系统销售和系统集成的相关研究中都有论述。早期的平滑型服务并不能作为企业战略的核心，而只能作为企业战略的重要补充，其中的一个关键原因在于服务本身作为一种无形产品，对于将设计研发和大规模生产作为核心能力的制造企业而言，如果以服务化作为企业产品战略的核心，意味着企业原有的资产专用性效率将大幅降低，尤其在没有商业模式创新设定的前提下，不管是系统销售商还是系统集成商，服务化本身都不能完全独立于产品战略，服务化的价值仍然是产品已有标准化功能价值的一部分，这是制造企业的资源能力基础所决定的。

工业互联网平台的出现逐渐改变了这种局面，平台促进了价值链上不同企业、不同业务部门间的互动，平台建设者允许根据每个参与者的竞争优势分配业务，在不同的行业，工业互联网平台企业可提供具有针对性的产品服务系统。企业与用户可基于平台实现高强度的互动，产品服务价值的实现不再以买卖交易为唯一条件，由此便衍生出以工业大数据为基础的租赁、共享、金融相关的替代型服务化战略，后端研发部门与前端营销部门之间通过平台协调是实现增强型服务战略的关键。本书认为，首先，就系统集成能力而言，工业互联网平台发挥了服务型制造的作用，作为系统销售商的制造业核心企业的服务化战略将从平滑型服务为主向替代型服务和平滑型服务战略两者并重转变；作为系统集成商的制造业核心企业的服务化战略将从平滑型服务向加强型服务战略为主转变。其次，就资源基础观而言，核心企业打造的工业互联网平台构建了以系统集成为基础的服务化能力，系统销售商的服务化能力形成需要核心企业对于价值链的垂直整合，服务是自身制造能力的延伸，系统集成商的服务化能力形成依赖于核心企业对外部价值网络资源的优化，服务型产品成为制造能力实现目的。最后，系统集成能力是现代科技型制造企业的核心能力，产品和服务的集成性解决方案开发是企业满足外部个性化服务需求的结果。制造业核心企业一方面可通过引入物联传感、工业云等 ICT 信息化建设来提高自身的系统集成能力；另一方面，通过共享租赁、供应链金融等商业模式创新的手段来满足市场的服务化需求。

7.1.3 IT 供应商合作下的中小型制造商服务化能力构建

首先，传统意义的新产品开发（NPD）一直专注于改进产品组件和系统的技术能力，而与服务相关的能力经常被忽视，并被视为属于售后部门的维护工作。事实上，与服务相关的知识与纯产品设计所必需的制造知识显著不同，制造商可能很难自行生成此类新知识。基于此，本书基于关系观分析 IT 服务供应商对中小制造企业服务化能力构建的贡献。这是为数不多的定量研究之一，它为 IT 服务供应商如何影响制造商不同的服务业务维度以及制造商如何从产品和客户导向获得服务化收益提供了证据。关于主要自变量的主效应，研究结果证实了本书的假设，即制造商的服务提供和资源基础维度对于开发客户服务和产品服务导向的 PSS 收益的正向影响是显著的。然而，活动系统维度对产品服务导向的 PSS 收益的正向影响并不显著，它只证明了对客户服务导向 PSS 收益的显著正向影响。活动系统对产品服务导向 PSS 收益的影响无显著性的原因可能是：由于活动系统是源自开发和提供 PSS 解决方案的整合性流程，那些寻求产品服务导向 PSS 收益的制造商往往更依赖其 IT 供应商开展这些活动，这种可能的解释得到了服务供应商的调节效应与这一维度的显著关联的支持。另一种可能性是本书的研究样本缺乏识别能力，因为即使该变量的调节作用也表现出较低的显著性（$p<0.1$）。

在本模型的调节效应中，对于产品服务导向的 PSS 收益，IT 服务供应商的支持越强，制造商通过业务系统的服务提供维度获得收益就越高。而对于服务导向的 PSS 收益，IT 服务供应商的支持越强，通过业务系统中服务提供维度获得收益就越少。这意味着产品导向服务 PSS 的制造商将其内部资源集中在主要的产品提供战略上，服务供应商为 PSS 增加了互补性的服务。相反，在客户服务导向的 PSS 中，这种调节作用是负面的，本书认为这一意外结果的解释与客户服务导向的 PSS 的服务产品提供特点有关，这种特点促使服务而非产品成为 PSS 产品提供的中心。因此，以服务为中心的产品提供战略决策应由制造商主导，而不是供应商。如果供应商在这一战略层面参与更多，就预期利益而言，会降低产品供应对服务化收益的影响，因为公司往往会将服务业务的某个核心部分外包出去，这时服务提供不再是嵌入物理产品的互补品，而会独立于甚至替代物理产品，因此服务导向的制造商应该内化着产品提供这个维度。

其次，我们在分析活动系统维度时观察到与假设相反的结果。本书发现，在产品服务导向的 PSS 收益中，IT 服务供应商的支持越多，通过活动系统维度获得的收益就越少。但是，IT 服务供应商支持对于活动系统维度和客户服务导向的 PSS 收益的正向调节效应显著。这是因为活动系统维度主要考虑产品和服务领域内部流程的整合以及客户参与解决方案开发，这原本应由制造商来进行整合，一旦产品服务导向 PSS 的制造商将大部分运营活动留给 IT 服务供应商，将导致产品、服务的流程和功能两者之间进行内部整合的有效性降低；与此形成对比的是，IT 服务供应商对于服务导向 PSS 在活动系统维度与服务化利益之间的调节作用是积极的，因为服务流程内在化与制造商切身利益相关。在这种情况下，IT 服务供应商可以发挥互补的作用，帮助公司标准化并组织内部服务和客户相关流程，促进开发产品公司的内部资源。

最后，本书没有发现 IT 服务供应商在资源基础中的调节作用的统计意义，即 H5a 和 H5b 的假设不成立，这是一个令人惊讶的结果，因为服务化文献强调制造商与服务供应商合作的主要原因之一是获得产品公司的新知识和能力。本书认为，一种可能性原因是样本中缺乏对这种影响的细致区分。另一种可能的解释是，样本中代表的大多数制造商都没有将服务供应商视为开发内部资源的合作伙伴，而是作为运营合作伙伴来决定 PSS 的实现方式（产品）以及开发将要执行的服务流程（活动）。

7.2 理论价值与实践意义

7.2.1 研究理论贡献

在理论价值方面，首先，本书揭示了服务产品和信息化技术的潜在组合，并确定了服务化产品和信息技术组合能够为客户和内部流程带来价值。从这个意义上说，它为学者提供了工业互联网应用和服务化之间的协同在理论上的解释，如工厂集成相关服务、数字服务和人工服务的交互。在此之后，该框架为合并两个研究领域的这一共同领域的发展提供了概念基础。其次，本书的概念模型还基于商业模式创新的信息化技术水平，在服务水平和数字技术之间实施不同配置的复杂性，这可以为未来在面临与此类业务转型相关的风险时的公司，就其具体情况应该适合哪种配置级别提供参考。

对核心制造商而言，从平滑型服务到加强型服务和替代性服务的战略转型，不仅重塑了核心企业的业务边界，也改变了价值创造中产品与服务的关系，服务不再是产品销售的附属，而是直接嵌入制造企业的整条价值链中为客户创造价值；核心企业打造的工业互联网平台构建了以系统集成为基础的服务化能力，系统销售商服务化能力更多的是来自企业内部的一体化研发，系统集成商服务化能力更多的是来自对外部网络资源的整合；核心企业服务化转型的价值链治理分析涉及了交易成本和技术能力两个方面的理论解释，系统销售商治理模式将逐渐趋向俘获型，价值链中的权力不对称程度将加剧，系统集成商的治理模式将趋向模块型，价值链中的权力不对称程度将降低。综合来看，两者的价值链治理模式体现了工业资本品与工业消费品行业在服务化转型过程中系统集成能力区别。对中小型制造商而言，本书指出，IT 服务供应商与制造商的二元关系在服务三元组中的行为会根据制造商遵循的 PSS 战略的方向而变化。这一发现补充了供应链管理和运营管理领域的先前研究，以往这些研究仅侧重于产品导向的 PSS。本书从关系观的角度分析了产品公司和供应商之间关于 PSS 交付的联系。通过解决这一问题，我们对文献作出了贡献，就 IT 服务供应商对服务化过程的支持的影响有了更细致的理解。这一额外贡献可以根据制造商的战略目标更好地了解如何与这些伙伴合作。

7.2.2 实践意义

商业模式创新和战略应用方面，首先，本书的概念框架可以向战略决策者展示如何将服务和信息化技术相结合，因此，它可以帮助管理人员将其服务的增长与有关其业务数字化转型的决策结合起来。本书的概念框架展示了在产品供应中同时实现信息化级别和服务水平的产生的复杂性程度，这些复杂性可以在不断进化的商业模式创新过程中指导实践。然而，这并不意味着管理者应以实现最复杂的服务化水平（就转型复杂性而言）为目标，事实上，这可能取决于公司具体的商业模式和其资源基础之间的平衡。

在服务化能力的实践应用方面，对于大型制造商而言，为实现我国制造业服务化转型升级，今后制造行业的核心企业应进一步探索适合本企业系统集成的发展路径，一方面可通过引入物联传感、工业云等 ICT 信息化建设来提高传统的制造能力，另一方面通过共享租赁、供应链金融等商业模式创新的手段来支持企业的服务化战略。同时，制造企业还应加强与 SAP、亚马逊、阿里巴巴等知识密集型服务企业的合作，推动企业服务化能力的升级，探索发现新的市场机会。对于中小型制造商而言，本书的研究有助于理解当服务化战略需要供应商的支持时，从业者可以从服务中获得的益处。制造商的管理层应该意识到选择符合其战略目标的供应商的重要性。希望将产品作为公司战略活动中心的经理可以积极寻求 IT 服务供应商的支持，并让他们参与有关解决方案提供策略的决策。但是，对于那些希望通过专注于服务导向的 PSS 利益来实现更激进的服务化流程的管理者而言，更应该关注建立公司自己的产品提供战略，同时使用服务提供商作为企业服务运营内部开发的支持者。在这种情况下，管理者不应该对 IT 服务供应商者实现完整的授权，而是要在 IT 服务供应商的帮助下建立知识体系。

7.3　研究局限与展望

7.3.1　研究不足之处

本书的研究结论为理解系统集成能力、制造企业服务化转型和价值链治理之间的关系奠定了新的基础，但也存在一定的局限性：首先，本书对于核心企业的服务化转型的能力获取的分析还只停留在价值链整合上，对于企业学习、知识共享等微观方面的问题还没有深入分析；其次，本书对于核心制造企业服务化转型的价值链治理的分析仅针对的是上游的供应商关系，对于与下游的互联网公司、零售商和金融机构的关系还没有细致探讨；最后，研究仅限于对所选战略的“内容”进行分析，该战略只代表了公司在服务化过程中应该改变的内容，而没有考虑组织变革的具体情境。

7.3.2 未来研究展望

未来研究可在本书的基础上继续探讨制造企业在服务化转型过程中的知识共享、知识吸收等企业学习行为，也可从价值链的角度关注制造企业服务化过程中与IT供应商之间权力关系的演化问题，还可通过分析在制造商实施服务化时将供应商作为潜在合作伙伴时发生的组织变革的过程和背景来补充这项研究。

参考文献

[1] A. A. F. Saldivar, Y. Li, W. N. Chen, Z. H. Zhan, J. Zhang, L. Y. Chen. Industry 4.0 with cyber - physical integration: A design and manufacture perspective [C]. Automation and computing (ICAC), 2015 21st international conference on, IEEE: 1 -6.

[2] A. Bask, M. Lipponen, M. Rajahonka, M. Tinnilä. The concept of modularity: Diffusion from manufacturing to service production [J]. Journal of Manufacture Technology Management, 2010, 21 (3): 355 -375.

[3] A. Davies, T. Brady. Organizational capabilities and learning in complex product systems: Towards repeatable solutions [J]. Research Policy, 2000, 29 (7 -8): 931 -953.

[4] A. D. Neely. Exploring the financial consequences of the servitization of manufacturing [J]. Operation Management Research, 2008, 1 (2): 103 -118.

[5] A. F. Payne, K. Storbacka, P. Frow. Managing the co - creation of value [J]. Journal of Academic Marketing Science, 2007, 36 (1): 83 -96.

[6] A. G. Frank, L. S. Dalenogare, N. F. Ayala. Industry 4.0 technologies: Implementation patterns in manufacturing companies [J]. International Journal of Production Economic, 2019, 210 (4): 15 -26.

[7] Alghisi, A. and Saccani, N. Internal and external alignment in the servitization journey - overcoming the challenges [J]. Production Planning & Control, 2015, 26 (14/15): 1219 -1232.

[8] A. L. Page, M. Siemplenski. Product systems marketing [J]. Industrial Marketing Management, 1983, 12 (2): 89 -99.

[9] Andrew Davies, Tim Brady, Michael Hobday. Organizing for solutions: Systems seller vs. systems integrator [J]. Industrial Marketing Management, 2007, 36 (2): 183 -193.

[10] Andrea Alghisi & Nicola Saccani. Internal and external alignment in the servitization journey - overcoming the challenges [J]. Journal of Production Planning & Control, 2015, 26 (5): 1219 -1232.

[11] Antioco, M. Antioco, R. Moenaert, A. Lindgreen, M. Wetzels. Organizational antecedents to and consequences of service business orientation in manufacturing companies [J]. Journal of the Academy of Marketing Science, 2008, 36 (3): 337 -358.

[12] A. Rymaszewska, P. Helo, A. Gunasekaran IoT powered servitization of manufacturing - an exploratory case study [J]. International Journal of Production Economics, 2017, 192 (10): 92 -105.

[13] A. Salonen, O. Saglam, F. Hacklin. Servitization as reinforcement, not transformation [J]. Journal of Service Management, 2017, 28 (4): 662 -686.

[14] A. Tukker. Eight types of product - service system: eight ways to sustainability? Experiences from suspronet [J]. Business Strategy Environment, 2004, 13 (7/8): 246 -260.

[15] A. Tukker. Product services for a resource - efficient and circular economy - a review [J]. Journal of Clean Production, 2015, 97 (6): 76 -91.

[16] A. Williams. Product service systems in the automobile industry: contribution to system innovation? [J]. Journal of Clean Production, 2007, 15 (11 - 12): 1093 -1103.

[17] A. W. L. Yao, S. D. Strombeck, J. S. C. Chi. Development of a mobile manufacturing system with PDA and PLC [J]. International Journal of Advanced Manufacturing Technology, 2005, 25 (7 -8): 723 -729.

[18] Baines, T. and Shi, V. G. A Delphi study to explore the adoption of servitization in UK companies [J]. Production Planning & Control, 2015, 7287: 1 - 17.

[19] Baines, T. S., Kay, G., Adesola, S., Higson, M. Strategic positioning: An integrated decision process for manufacturers [J]. International Journal of Operations & Production Management, 2005, 25 (2): 180-201.

[20] Barczak, G., Sultan, F. and Hultink, E. J. Determinants of IT usage and new product performance[J]. Journal of Product Innovation Management, 2007, 24 (6): 600-613.

[21] Barney, J. Firm resources and sustained competitive advantage [J]. Journal of Management, 1991, 17 (1): 99-120.

[22] Bastl, M., Johnson, M., Lightfoot, H. and Evans, S. Buyer-supplier relationships in a servitized environment [J]. International Journal of Operations & Production Management, 2012, 32 (6): 650-675.

[23] Batista, L., Davis-Poynter, S., Ng, I. C. L., Maull, R. Transformation of provider and customer organisations to achieve co-capability in outcome-based contracts: a viable service systems approach [C]. In: Proceedings of the 31st Spring Servitization Conference, 2013: 196-202.

[24] Benedettini, O., Neely, A. and Swink, M. Why do servitized firms fail? A risk-based explanation [J]. International Journal of Operations & Production Management, 2015, 35 (6): 946-979.

[25] Bigdeli, A., Bustinza, O. F., Vendrell-Herrero, F. and Baines, T. Network positioning and risk perception in servitization: evidence from the UK road transport industry [J]. International Journal of Production Research, 2017, 56 (6): 1-15.

[26] Bigdeli, A., Baines, T., Bustinza, O. F. and Guang Shi, V. Organisational change towards servitization: a theoretical framework [J]. Competitiveness Review, 2017, 27 (1): 12-39.

[27] Böhm, E., Eggert, A. and Thiesbrummel, C. Service transition: a viable option for manufacturing companies with deteriorating financial performance? [J]. Industrial Marketing Management, 2017, 60 (1): 101-111.

[28] B. Kamp., G. Parry. Servitization and advanced business services as le-

vers for competitiveness [J]. Industry Marketing Management, 2017, 60 (1): 11 – 16.

[29] B. Nooteboom. Information technology, transaction costs and the decision to "make or buy" [J]. Technology Analysis & Strategic Management, 1992, 4 (4): 339 – 350.

[30] Brax, S. A. and Visintin, F. Meta – model of servitization: the integrative profiling approach[J]. Industrial Marketing Management, 2017, 60 (1): 17 – 32.

[31] Brax, S. A. and Jonsson, K. Developing integrated solution offerings for remote diagnostics: a comparative case study of two manufacturers [J]. International Journal of Operations & Production Management, 2009, 29 (5): 539 – 560.

[32] Bustinza, O. F., Arias – Aranda, D. and Gutierrez – Gutierrez, L. Outsourcing, competitive capabilities and performance: an empirical study in service firms [J]. International Journal of Production Economics, 2010, 126 (2): 276 – 288.

[33] Charlotta Windahl, Nicolette Lakemond. Integrated solutions from a service – centered perspective: Applicability and limitations in the capital goods industry [J]. Industrial Marketing Management, 2010, 39 (8): 1278 – 1290.

[34] Charlotta Windahl, Nicolette Lakemond. Developing integrated solutions: The importance of relationships within the network [J]. Industrial Marketing Management, 2006, 35 (7): 806 – 818.

[35] Chesbrough, H. Towards a dynamics of modularity: a cyclical model of technical advance, in A. Prencipe, A. Davies and M. Hobday (eds) [M]. The Business of Systems Integration. Oxford, Oxford University Press, 2003: 12 – 13.

[36] Chesbrough, H. W. Bringing open innovation to services the leading [J]. MIT Sloan Management Review, 2001, 52 (2): 85 – 90.

[37] Christian. Kowalkowski, Heiko Gebauerca, Bart Kamp, Glenn Parry. Servitization and deservitization: Overview, concepts, and definitions [J]. Industrial Marketing Management, 2017, 60 (1): 4 – 10.

[38] C. Grönroos, A. Ravald Service as business logic: implications for value

creation and marketing [J]. Journal of Service Management, 2011, 22 (1): 5 - 22.

[39] C. K. Prahalad, V. Ramaswamy. Co - creation experiences: the next practice in value creation [J]. Journal of Interaction Marketing, 2004, 18 (3): 5 - 14.

[40] C. K. Prahalad, V. Ramaswamy. Co - opting customer competence [J]. Harvard Business Review, 2000, 78 (1): 79 - 90.

[41] C. Kowalkowski, D. Kindström, B. T. Alejandro, S. Brege, S. Biggemann. Service infusion as incrementalism in action [J]. Journal of Business Research, 2012, 65 (6): 765 - 772.

[42] C. L. Rossetti, T. Y. Choi. Supply management under high goal incongruence: an empirical examination of disintermediation in the aerospace supply chain [J]. Decision Science, 2008, 39 (3): 507 - 540.

[43] Cook, M. B., Bhamra, T. A. and Lemon, M. The transfer and application of product service systems: from academia to UK manufacturing firms [J]. Journal of Cleaner Production, 2006, 14 (17): 1455 - 1465.

[44] Cristina Martinez - Fernandez. Knowledge - intensive service activities in the success of the Australian mining industry [J]. The Service Industries Journal, 2010, 30 (1): 55 - 70.

[45] C. Windahl, P. Andersson, C. Berggren, C. Nehler. Manufacturing firms and integrated solutions: characteristics and implications [J]. European Journal of Innovation Management, 2004, 7 (3): 218 - 228.

[46] Davies, A. Moving base into high - value integrated solutions: a value stream approach [J]. Industrial and Corporate Change, 2004, 13 (5): 727 - 756.

[47] D. Gago, L. Rubalcaba. Innovation and ICT in service firms: Towards a multidimensional approach for impact assessment [J]. Journal of Evolutionary Economics, 2007, 17 (1): 25 - 44.

[48] D. Ivanov, A. Dolgui, B. Sokolov, F. Werner, M. Ivanova. A dynamic

model and an algorithm for short – term supply chain scheduling in the smart factory industry 4.0 [J]. International Journal Production Research, 2016, 54 (2): 386 – 402.

[49] D. Miller, Q. Hope, R. Eisenstat, N. Foote, J. Galbraith. The problem of solutions: Balancing clients and capabilities [J]. Business Horizon, 2002, 45 (2): 3 – 12.

[50] D. Ness, J. Swift, D. C. Ranasinghe, K. Xing, V. Soebarto. Smart steel: New paradigms for the reuse of steel enabled by digital tracking and modelling [J]. Journal of Cleaner Production, 2015, 98 (3): 292 – 303.

[51] D. Opresnik, M. Taisch. The value of Big Data in servitization [J]. International Journal of Production Economics, 2015, 165 (7): 174 – 184.

[52] D. T. Dunn, C. A. Thomas. Strategy for systems sellers: A grid approach [J]. Journal of Personal Selling and Sales Management, 1986, 6 (2): 1 – 10.

[53] Durugbo, C. and Riedel, J. C. K. H. Readiness assessment of collaborative networked organisations for integrated product and service delivery [J]. International Journal of Production Research, 2013, 51 (2): 598 – 613.

[54] Durugbo, C. Strategic framework for industrial product – service co – design: findings from the microsystems industry [J]. International Journal of Production Research, 2014, 52 (10): 2881 – 2900.

[55] Dyer, J. H. and Singh, H. The relational view: cooperative strategy and sources of interorganizational competitive advantage [J]. Academy of Management Review, 1998, 23 (4): 660 – 679.

[56] Dosi, G. , M. Hobday, L. Marengo and A. Prencipe, The economics of systems integration: towards an evolutionary interpretation, in A. Prencipe, A. Davies and M. Hobday (eds) [M]. The Business of Systems Integration. Oxford, Oxford University Press, 2003: 8 – 9.

[57] E. B. Reynolds, Y. Uygun. Strengthening advanced manufacturing innovation ecosystems: the case of Massachusetts [J]. Technology Forecast and Social. Chang, 2018, 136 (11): 178 – 191.

[58] Eisenhardt, K. M. Building Theories from Case Study Research [J]. Academy of Management Review, 1989, 14 (4): 532 -550.

[59] E. Jaakkola. , T. Hakanen. Value co - creation in solution networks [J]. Industry Marketing Management, 2013, 42 (1): 47 -58.

[60] Eloranta, V. and Turunen, T. Seeking competitive advantage with service infusion: a systematic literature review [J]. Journal of Service Management, 2015, 26 (3): 394 -425.

[61] Ellram, L. M. , Tate, W. L. and Billington, C. Offshore outsourcing of professional services: a transaction cost economics perspective [J]. Journal of Operations Management, 2008, 26 (2): 148 -163.

[62] Erik Lindhult, Koteshwar Chirumalla, Pejvak Oghazi, Email author, Vinit Parida. Value logics for service innovation: practice - driven implications for service - dominant logic [J]. Service Business, 2018, 12 (3): 457 -481.

[63] Fang, E. , E. Fang, R. W. Palmatier, J. B. E. Steenkamp Effect of service transition strategies on firm value [J]. Journal of Marketing, 2008, 72 (5): 1 -14.

[64] F. F. Suarez, M. A. Cusumano, S. J. Kahl. Services and the business models of product firms: an empirical analysis of the software industry [J]. Management Science, 2013, 59 (2): 420 -435.

[65] Finne, M. and Holmström, J. A manufacturer moving upstream: triadic collaboration for service delivery [J]. Supply Chain Management: An International Journal, 2013, 18 (1): 21 -33.

[66] Gaiardelli, P. , Resta, B. , Martinez, V. , Pinto, R. and Albores, P. A classification model for product - service offerings [J]. Journal of Cleaner Production, 2014, 66 (3): 507 -519.

[67] Galbraith, J. R. Organizing to deliver solutions [J]. Organizational Dynamics, 2002, 31 (2): 194 -207.

[68] Gary Gereffi, John Humphrey, Timothy Sturgeon. The governance of global value chains [J]. Review of International Political Economy, 2005, 12 (1): 78 -104.

[69] Gary Gereffi. International trade and industrial upgrading in the apparel commodity chain [J]. Journal of International Economics, 1999, 48 (1): 37 –70.

[70] Gebauer, H., Gustafsson, A. and Witell, L. Competitive advantage through service differentiation by manufacturing companies [J]. Journal of Business Research, 2011, 64 (12): 1270 –1280.

[71] Gebauer, H. Identifying service strategies in product manufacturing companies by exploring environment – strategy configurations [J]. Industrial Marketing Management, 2008, 37 (3): 278 –291.

[72] G. Parry, O. F. Bustinza, F. Vendrell – Herrero. Servitization and value co – production in the UK music industry: an empirical study of Consumer Attitudes [J]. International Journal of Production Economics., 2012, 135 (1): 320 –332.

[73] Gummesson. Making relationship marketing operational [J]. International Journal of Service Industry Management, 1994, 5 (5): 5 –20.

[74] Heiko Gebauer, Guang – Jie Ren, Aku Valtakoski, Javier Reynoso. Service – driven manufacturing: Provision, evolution and financial impact of services in industrial firms [J]. Journal of Service Management, 2012, 23 (1): 120 –136.

[75] Hennig – Thurau, T. and Klee, A. The impact of customer satisfaction and relationship quality on customer retention: a critical reassessment and model development [J]. Journal of Psychology & Marketing, 1997, 14 (8): 737 –764.

[76] He, Y. and Lai, K. K. Supply chain integration and service oriented transformation: evidence from Chinese equipment manufacturers [J]. International Journal of Production Economics, 2012, 135 (2): 791 –799.

[77] H. Gebauer, M. Haldimann, C. J. Saul. Competing in business – to – business sectors through pay – per – use services [J]. Journal of Service Management, 2017, 28 (5): 914 –935.

[78] H. Gebauer, E. Fleisch, T. Friedli. Overcoming the service paradox in manufacturing companies [J]. European Management Journal, 2005, 23 (1): 14 –26.

[79] H. Lightfoot. , T. Baines, P. Smart The servitization of manufacturing: a systematic literature review of interdependent trends [J]. International Journal of Operation Production Management, 2013, 33 (11/12): 1408 – 1434.

[80] Hobday, M. Product complexity, innovation and industrial organization [J]. Research Policy, 1998, 26 (6) 689 – 710.

[81] Holmström, J. and Partanen, J. Digital manufacturing driven transformations of service supply chains for complex products [J]. Supply Chain Management, 2014, 19 (4): 421 – 430.

[82] I. C. L. Ng, G. Briscoe. Value, variety and viability: new business models for co – creation in outcome – based contracts [J]. International Journal of Service Science, 2012, 3 (3): 26 – 48.

[83] I. C. L. Ng, L. A. Smith. An integrative framework of value [M]. S. L. Vargo, R. F. Lusch (Eds.) (9th ed), Review of Marketing Research, 9, Emerald Group Publishing Limited , 2012.

[84] I. C. L. Ng, G. Parry, L. Smith, R. Maull, G. Briscoe. Transitioning from a goods – dominant to a service – dominant logic: visualising the value proposition of Rolls – Royce [J]. Journal of Service. Management, 2012, 23 (3): 416 – 439.

[85] I. C. L. Ng, G. Parry, R. Maull, D. Mcfarlane. Complex engineering service systems: a grand challenge [M]. I. Ng, G. Parry, P. Wild, D. McFarlane, P. Tasker (Eds.), Complex Engineering Service Systems – Concepts and Research, Springer London, London , 2011: 439 – 454.

[86] I. C. L. Ng, G. Parry, D. Mcfarlane, P. Tasker. Towards a core integrative framework for complex engineering service systems [M]. I. Ng, G. Parry, P. Wild, D. McFarlane, P. Tasker (Eds.), Complex Engineering Service Systems – Concepts and Research, Springer London, London , 2011: 1 – 19.

[87] I. C. L. Ng, R. Maull, N. Yip. Outcome – based contracts as a driver for systems thinking and service – dominant logic in service science: evidence from the defence industry [J]. European Management Journal, 2009, 27 (6): 377 – 387.

[88] I. C. L. Ng. Value & worth: creating new marketing in the digital econo-

my [M]. Innovorsa Press, Cambridge, 2013.

[89] I. Visnjic, D. Ringov, S. Arts Which service? How industry conditions shape firms' service type choices [J]. Journal of Production Innovation Management, 2019, 36 (3): 381 – 407.

[90] Jackson, R. W. and Cooper, P. D. Unique Aspects of Marketing Industrial Services [J]. Industrial Marketing Management, 1988, 17 (2): 111 – 118.

[91] J. D. Chandler, S. L. Vargo Contextualization and value – in – context: how context frames exchange [J]. Marketing Theory, 2011, 11 (1): 35 – 49.

[92] J. Hagel, J. S. Brown. The Only Sustainable Edge: Why Business Strategy Depends on Productive Friction and Dynamic Specialization [M]. Harvard Business School Press, Boston, Mass, 2005.

[93] J. Holmström, J. Partanen. Digital manufacturing – driven transformations of service supply chains for complex products [J]. Supply Chain Management, 2014, 19 (4): 421 – 430.

[94] J. Holmström, S. Brax, T. Ala – Risku. Comparing provider – customer constellations of visibility – based service [J]. Journal of Service Management, 2010, 21 (5): 675 – 692.

[95] J. M. Müller, O. Buliga, K. I. Voigt. Fortune favors the prepared: how SMEs approach business model innovations in Industry 4.0 [J]. Technology Forecast and Social Change, 2018, 132 (7): 2 – 17.

[96] Johnson, M. and Mena, C. Supply chain management for servitised products: a multi – industry case study [J]. International Journal of Production Economics, 2008, 114 (1): 27 – 39.

[97] J. O'shaughnessy, N. O'shaugnessy. The service – dominant perspective: a backwards step? [J]. European Journal of Marketing, 2009, 43 (5/6): 784 – 793.

[98] J. R. Meredith. Automating the factory: Theory versus practice [J]. International Journal of Production Research, 1987, 25 (10): 1493 – 1510.

[99] J. Spohrer, P. P. Maglio. The emergence of service science: Toward systematic service innovations to accelerate co – creation of value [J]. Production and

Operations Management, 2008, 17 (3): 1 –9.

[100] Kapil R. Tuli, Ajay K. Kohli, Sundar G. Bharadwaj. Rethinking Customer Solutions: From Product Bundles to Relational Processes [J]. Journal of Marketing, 2007, 71 (3): 1 –17.

[101] Kapletia, D. and Probert, D. Migrating from products to solutions: an exploration of system support in the UK defense industry [J]. Industrial Marketing Management, 2010, 39 (4): 582 –592.

[102] Karatzas, A. , Johnson, M. and Bastl, M. Relationship determinants of performance in service triads: a configurational approach [J]. Journal of Supply Chain Management, 2016, 52 (3): 28 –47.

[103] Karatzas, A. , Johnson, M. and Bastl, M. Manufacturer – supplier relationships and service performance in service triads [J]. International Journal of Operations & Production Management, 2017, 37 (7): 950 –969.

[104] Katerina Gotzamani, Pantelis Longinidis, Fotis Vouzas. The logistics services outsourcing dilemma: quality management and financial performance perspectives [J]. Supply Chain Management, 2010, 15 (6): 438 –453.

[105] K. Balakrishnan, U. Mohan, S. Seshadri Outsourcing of front – end business processes: quality, information, and customer contact [J]. Journal of Operation Management, 2008, 26 (2): 288 –302.

[106] Kindström, D. and Kowalkowski, C. Development of industrial service offerings: a process framework [J]. Journal of Service Management, 2009, 20 (2): 156 –172.

[107] K. Jonsson, U. H. Westegren, J. Holmström. Technologies for value creation: an exploration of remote diagnostic systems in the manufacturing industry [J]. Information System Journal, 2008, 18 (3): 227 –245.

[108] K. Heinonen, K. Strandvik, J. Mickelsson, B. Edvardsson, E. Sundström, P. Andersson. A customer dominant logic of service [J]. Journal of Service Management, 2010, 21 (4): 531 –548.

[109] Kowalkowski, C. , Gebauer, H. , Kamp, B. and Parry, G. Servitiza-

tion and deservitization: overview, concepts, and definitions [J]. Industrial Marketing Management, 2017, 60 (1): 4-10.

[110] Kowalkowski, C., Windahl, C., Kindström, D. and Gebauer, H. What service transition? Rethinking established assumptions about manufacturers' service-led growth strategies [J]. Industrial Marketing Management, 2015, 45 (1): 59-69.

[111] Kreye, M. E., Roehrich, J. K. and Lewis, M. A. Servitising manufacturers: the impact of service complexity and contractual and relational capabilities [J]. Production Planning & Control, 2015, 7287 (7): 1-14.

[112] K. Rong, G. Hu, Y. Lin, Y. Shi, L. Guo. Understanding business ecosystem using a 6C framework in Internet-of-Things-based sectors [J]. International Journal of Production Economic, 2015, 159 (1): 41-55.

[113] K. R. Ranjan, S. Read. Value co-creation: concept and measurement [J]. Journal of Academic of Marketing Science, 2014, 44 (3): 290-315.

[114] K. Storbacka. A solution business model: Capabilities and management practices for integrated solutions [J]. Industrial Marketing Management, 2011, 40 (5): 699-711.

[115] L. A. Bettencourt, S. W. Brown. From goods to great: Service innovation in a product-dominant firm [J]. Business Horizons, 2013, 56 (3): 277-283.

[116] Langerak, F., Hultink, E. J. and Robben, H. S. J. The impact of market orientation, product advantage, and launch proficiency on new product performance and organizational performance [J]. Journal of Product Innovation Management, 2004, 21 (2): 79-94.

[117] Lau, A. K. W., Yam, R. C. M. and Tang, E. The impact of product modularity on new product performance: mediation by product innovativeness [J]. Journal of Product Innovation Management, 2011, 28 (2): 270-284.

[118] Levitt, T., The Marketing Imagination [M]. New York: The Free Press, 1983: 10-11.

[119] L. D. W. Thomas, E. Autio, D. M. Gann. Architectural leverage: put-

ting platforms in context [J]. Academic of Management Perspect, 2014, 28 (2): 198 – 219.

[120] L. G. Mattson. Systems selling as a strategy on industrial markets [J]. Industrial Marketing Management, 1973, 3 (2): 107 – 120.

[121] L. Guo, I. Ng. The co – production of equipment – based services: an interpersonal approach [J]. European Management Journal, 2011, 29 (1): 43 – 50.

[122] Li, M. and Choi, T. Y. Triads in services outsourcing: bridge, bridge decay and bridge transfer [J]. Journal of Supply Chain Management, 2009, 45 (3): 27 – 39.

[123] Lindahl, M., Sundin, E. and Sakao, T. Environmental and economic benefits of Integrated product service offerings quantified with real business cases [J]. Journal of Cleaner Production, 2014, 64 (2): 288 – 296.

[124] Lockett, H., Johnson, M., Evans, S. and Bastl, M., Product service systems and supply network relationships: an exploratory case study [J]. Journal of Manufacturing Technology Management, 2011, 22 (3): 293 – 313.

[125] L. S. Dalenogare, G. B. Benitez, N. F. Ayala, A. G. Frank. The expected contribution of Industry 4.0 technologies for industrial performance [J]. International Journal of Production Econ., 2018, 204 (10): 383 – 394.

[126] L. Smith, I. C. L., Ng, R. Maull. The three value proposition cycles of equipment – based service [J]. Production Plan Control, 2012, 23 (7): 553 – 570.

[127] L. Smith., R. Maull, I. C. L. Ng. Servitization and operations management: a service dominant – logic approach [J]. International Journal of Operation and Production Management, 2014, 34 (2): 242 – 269.

[128] Matthyssens, P. and Vandenbempt, K. Service addition as business market strategy: identification of transition trajectories [J]. Journal of Service Management, 2010, 21 (5): 693 – 714.

[129] Mont, O. K. Clarifying the concept of product – service system [J]. Journal of Cleaner Production, 2002, 10 (3): 237 – 245.

[130] L. Swanson. Linking maintenance strategies to performance [J]. Inter-

national Journal of Production Economic, 2001, 70 (3): 237 –244.

[131] L. V. Gerstner. Who said elephants can't dance? Inside IBM's historic turnaround [M]. Harper Collins Publishers, London, 2002: 130 –132.

[132] Marco Paiola, Nicola Saccani, Marco Perona, Heiko Gebauer. Moving from products to solutions: Strategic approaches for developing capabilities [J]. European Management Journal, 2013, 31 (4): 390 –409.

[133] M. Ardolino, M. Rapaccini, N. Saccani, P. Gaiardelli, G. Crespi, C. Ruggeri. The role of digital technologies for the service transformation of industrial companies [J]. International Journal of Production Research, 2017, 58 (6): 1 –17.

[134] M. A. Cusumano, S. J. Kahl, F. F. Suarez. Services, industry evolution, and the competitive strategies of product firms [J]. Strategy Management Journal, 2015, 36 (4): 339 –575.

[135] Matthieu Crozet, Emmanuel Milet. Should everybody be in services? The effect of servitization on manufacturing firm performance [J]. Journal of Economics and Management Strategy, 2017, 26 (4): 820 –841.

[136] Mathieu, V. Service strategies within the manufacturing sector: benefits, costs and partnership [J]. International Journal of Service Industry Management, 2001b, 12 (5): 451 –475.

[137] Mahoney, J. T., & Pandian, J. R. The resource – based view within the conversation of strategic management [J]. Strategic Management Journal, 1992, 13 (5): 363 –380.

[138] Meier, H., Roy, R. and Seliger, G. Industrial product – service systems – IPS2 [R]. CIRP Annals – Manufacturing Technology, 2010, 59 (2): 607 –627.

[139] M. Etgar. A descriptive model of the consumer co – production process [J]. Journal of Academic Marketing Science, 2008, 36 (1): 97 –108.

[140] M. G. Oliveira, G. H. S. Mendes, A. A. Albuquerque, H. Rozenfeld. Lessons learned from a successful industrial Product Service System business model: emphasis on financial aspects [J]. Journal of Business Industry Marketing., 2018, 33 (3):

365 –376.

[141] Michael Hobday, Andrew Davies, Andrea Prencipe. Systems integration: a core capability of the modern corporation [J]. Industrial and Corporate Change, 2005, 14 (6): 1109 –1143.

[142] M. H. Meyer, A. P. Lehnerd. The Power of Product Platforms: Building Value and Cost Leadership [M]. Free Press, New York , 1997.

[143] M. Takeyama, K. , Tsukui, Y. Shibata. Resource oriented service ideation: integrating S –D logic with service design [M]. (In Fourth Service Design and Service Innovation Conference) Lancaster University, United Kingdom, 2014.

[144] M. W. Krueger, E. K. Chew, Z. M. Ouetani, R. Gitzel. Integrative service innovation: an industrial use case Business Informatics [C]. IEEE 17th Conference on, IEEE , 2015 (1): 217 –223.

[145] N. Barnett, G. Parry, M. Saad, L. Newnes, Y. Goh. Servitization: is a paradigm shift in the business model and service enterprise required? [J]. Strategy Change, 2013, 22 (3/4): 145 –156.

[146] Néstor Fabián Ayala, Carolline Amaral, Paslauski, Antonio Ghezzi, Alejandro Germán Frank. Knowledge sharing dynamics in service suppliers' involvement for servitization of manufacturing companies [J]. International Journal of Production Economics, 2017, 193 (11): 538 –553.

[147] Neu, W. A. and Brown, S. W. Manufacturers forming successful complex business services [J]. International Journal of Service Industry Management, 2008, 19 (2): 232 –251.

[148] N. F. Ayala. , W. Gerstlberger, A. G. Frank. Managing servitization in product companies: the moderating role of service suppliers [J]. International Journal of . Operation Production Management, 2018, 39 (1): 43 –74.

[149] Ng I. C. L. , Guo L. , Scott J. , and Yip N. K. T. Towards a benefit –based framework for understanding business to business services and its impact on contract and capability [C]. In 10th International Research Seminar in Services Management: Marketing, Strategy, Economics, Operations & Human Resources: Insights

into Service Activities La Londe, 2008, France.

[150] Nicola Saccani, Filippo Visintin, Mario Rapaccini. Investigating the linkages between service types and supplier relationships in servitized environments [J]. International Journal of Production Economics, 2014, 149 (3): 226-238.

[151] N. Morelli. Service as value co-production: reframing the service design process [J]. Journal of Manufacturing Technology Management, 2009, 20 (5): 568-590.

[152] Nordin, F. Linkages between service sourcing decisions and competitive advantage: a review, propositions, and illustrating cases [J]. International Journal of Production Economics, 2008, 114 (1): 40-55.

[153] Oscar F. Bustinza., Ali Ziaee Bigdeli., Tim Baines & Cindy Elliot. Servitization and Competitive Advantage: The Importance of Organizational Structure and Value Chain Position [J]. Journal of Research-Technology Management, 2015, 58 (5): 53-60.

[154] Oscar F. Bustinza, Glenn C. Parry, Ferran Vendrell-Herrero. Supply and demand chain management: the effect of adding services to product offerings [J]. Supply Chain Management, 2013, 18 (6): 618-629.

[155] Paslauski, C. A., Ayala, N. F., Tortorella, G. L. and Frank, A. G. The last border for servitization [J]. Procedia CIRP, 2016, 47: 394-399.

[156] Paul Matthyssens, KoenVandenbempt. Moving from basic offerings to value-added solutions: Strategies, barriers and alignment [J]. Industrial Marketing Management, 2008, 37 (3): 316-328.

[157] Pavitt, K. Specialization and systems integration: where manufacture and services still meet, in A. Prencipe, A. Davies and M. Hobday (eds) [M]. The Business of Systems Integration. Oxford, Oxford University Press, 2003: 3-4.

[158] K. S. Pawar, A. Beltagui, J. C. K. H. Riedel. The PSO triangle: Designing product, service and organisation to create value [J]. International Journal of Operations & Production Management, 2009, 29 (5): 468-493.

[159] Petersen, K. J., Handfield, R. B. and Ragatz, G. L. Supplier integra-

tion into new product development: coordinating product, process and supply chain design [J]. Journal of Operations Management, 2005, 23 (3/4): 371 -388.

[160] P. Frow, S. Nenonen, A. Payne, K. Storbacka. Managing co – creation design: a strategic approach to innovation [J]. British Journal of Management, 2015, 26 (1): 463 -483.

[161] P. Maglio, S. L. Vargo, N. Caswell, J. Spohrer The service system is the basic abstraction of service science [J]. Information Systems and e – Business Management, 2009, 7 (4): 395 -406.

[162] Polese, F., Pels, J., Brodie, R. J. Theoretical underpinning to succesful value co – creation [M]. In: E. Gummeson, M. Cristina, F. Polese (Eds.), The 2011 Naples Forum on Service – Service Dominant Logic, Network and Systems Theory and Service Science: Integrating Three Perspectives for a New Service Agenda.

[163] Porter, M. E. and Heppelmann, J. E., How Smart, Connected Products Are Transforming Competition [J]. Harvard Business Review, 2014, 92 (9): 29 -33.

[164] Porter, M. E. and Heppelmann, J. E., How smart, connected products are transforming competition [J]. Harvard Business Review, 2015, 93 (10): 96 - 114.

[165] Raddats, C. and Kowalkowski, C. A reconceptualization of manufacturers' service strategies [J]. Journal of Business – to – Business Marketing, 2014, 21 (1): 19 -34.

[166] Raddats, C., Baines, T., Burton, J., Story, V. M. and Zolkiewski, J. Motivations for servitization: the impact of product complexity [J]. International Journal of Operations & Production Management, 2016, 36 (5): 572 -591.

[167] Raja, J. Z., Chakkol, M., Johnson, M. and Beltagui, A. Organizing for servitization: examining front – and back – end design configurations [J]. International Journal of Operations & Production Management, 2018, 38 (1): 249 -271.

[168] Raynor, M. E., & Christensen, C. M. Integrate to innovate: The determinants of success in developing and deploying new services in the communications

industry [M]. New York: Deloitte Research, 2002: 10 - 11.

[169] R. Belk. You are what you can access: sharing and collaborative consumption online [J]. Journal of Business Research, 2014, 67 (8): 1595 - 1600.

[170] R. B. Chase. The customer contact approach to services: theoretical bases and practical extensions [J]. Operation. Research., 1981, 29 (4): 698 - 706.

[171] R. F. Babiceanu, R. Seker. Big Data and virtualization for manufacturing cyber - physical systems: a survey of the current status and future outlook [J]. Computer in Industry, 2016, 81 (9): 128 - 137.

[172] R. Silvestro, P. Lustrato. Exploring the "mid office" concept as an enabler of mass customization in services [J]. International Journal of Operation Production and Management, 2015, 35 (6): 866 - 894.

[173] R. J. Brodie, M. Saren, J. Pels. Theorizing about the service dominant logic: the bridging role of middle range theory [J]. Marketing Theory, 2011, 11 (1): 75 - 91.

[174] R. Küssel, V. Liestmann, M. Spiess, V. Stich Tele. Service a customer - oriented and efficient service [J]. Journal of Materials Processing Technology, 2000, 107 (1): 363 - 371.

[175] R. Normann. Reframing business—When the map changes the landscape (1st ed.) [M]. Chichester: John Wiley & Sons, Ltd., 2001: 12 - 13.

[176] R. Oliva, R. Kallenberg. Managing the transition from products to services [J]. International Journal of Service Industry Management, 2003, 14 (2): 160 - 172.

[177] R. Sousa, G. J. da Silveira. Capability antecedents and performance outcomes of servitization: differences between basic and advanced services [J]. International Journal of Operation Production Management, 2017, 37 (4): 444 - 467.

[178] Sandra Vandermerwe, Juan Rada. Servitization of business: Adding value by adding services [J]. European Management Journal, 1988, 6 (4): 314 - 324.

[179] Santamaría, L., Jesús Nieto, M. and Miles, I. Service innovation in man-

ufacturing firms: evidence from Spain[J]. Technovation, 2012, 32 (2): 144 -155.

[180] S. Brax. A manufacturer becoming service provider - challenges and a paradox Management [J]. Managing Service Quality: An International Journal, 2005, 15 (2): 142 -155.

[181] Schmenner, R. W. Manufacturing, service, and their integration: some history and theory [J]. International Journal of Operations & Production Management, 2009, 29 (5): 431 -443.

[182] Schroeder, A and Kotlarsky, J. , A. Schroeder, J. Kotlarsky. Digital resources and their role in advanced service provision: A VRIN analysis Proceedings of the spring servitization conference [C]. Birmingham: Paper presented at SSC conference, 2015: 32 -40.

[183] S. Clegg, D. Courpasson, N. Phillips. Power and Organizations [M]. SAGE, London , 2006.

[184] S. E. Sampson, M. Spring. Customer roles in service supply chains and opportunities for innovation [J]. Journal of Supply Chain Management, 2012, 48 (4): 30 -50.

[185] S. Fliess, E. Lexutt. How to be successful with servitization - guidelines for research and management [J]. Industry Marketing Management, 2017, 78 (4): 58 -75.

[186] S. Forkmann, Carla Ramos, Stephan C. Henneberg, Pete rNaudé. Understanding the service infusion process as a business model reconfiguration [J]. Industry Marketing Management, 2017, 60 (1): 151 -166.

[187] S. Kim, M. A. Cohen, S. Netessine. Performance contracting in after - sales service supply chains [J]. Management Science, 2007, 53 (12): 1843 -1858.

[188] S. L. Vargo. , R. F. Lusch. Service - dominant logic: continuing the evolution [J]. Journal of Academic Marketing Science, 2008, 36 (1): 1 -10.

[189] S. L. Vargo, R. F. Lusch. Evolving to a new dominant logic for marketing [J]. Journal of Marketing, 2004, 68 (1): 1 -17.

[190] S. Pekkarinen, P. Ulkuniemi. Modularity in developing business services

by platform approach [J]. International Journal of Logistic Management, 2008, 19 (1): 84 -103.

[191] Spring, M. and Araujo, L. Beyond the service factory: service innovation in manufacturing supply networks [J]. Industrial Marketing Management, 2013, 42 (1): 59 -70.

[192] S. Sampson. Customer - supplier duality and bidirectional supply chains in service organisations [J]. International Journal of Service Industry Management. , 2000, 11 (4): 348 -364.

[193] S. Sampson, C. Froehle. Foundations and implications of a proposed unified services theory [J]. Production of Operation Management, 2006, 15 (2): 329 -343.

[194] Story, V. M. , Raddats, C. , Burton, J. , Zolkiewski, J. and Baines, T. Capabilities for advanced services: a multi - actor perspective [J]. Industrial Marketing Management, 2017, 60 (1): 54 -68.

[195] Suarez, F. , Cusumano, M. and Kahl, S. Services and the business models of product firms: an empirical analysis of the software industry [J]. Management Science, 2013, 59 (2): 420 -435.

[196] S. Verstrepen, R. van Den Berg. Servitization in the automotive sector: creating value and competitive advantage through service after sales [M]. Global Production Management, Kluwer Publishers, London, 1999.

[197] T. Baines, A. Ziaee Bigdeli, O. F. Bustinza, V. G. Shi, J. Baldwin, K. Ridgway Servitization: revisiting the state - of - the - art and research priorities [J]. International Journal of Operation Production Management, 2017, 37 (2): 256 -278.

[198] T. De Gregori. Resources are not; they become: an institutional theory [J]. Journal of Economic Issues, 1987, 21 (3): 1241 -1263.

[199] T. D. Oesterreich, F. Teuteberg. Understanding the implications of digitization and automation in the context of Industry 4. 0: a triangulation approach and elements of a research agenda for the construction industry [J]. Computer in Industry, 2016, 83 (12): 121 -139.

[200] T. Grubic. Servitization and remote monitoring technology. A literature review and research agenda [J]. Journal of Manufacture Technological Management, 2014, 25 (1): 100 - 124.

[201] Tim Baines. Servitization within manufacturing: Exploring the provision of advanced services and their impact on vertical integration [J]. Journal of Manufacturing Technology Management, 2011, 22 (7): 947 - 954.

[202] T. Laine, J. Paranko, P. Suomala. Downstream shift at a machinery manufacturer: the case of the remote technologies [J]. Management Research Review, 2010, 33 (10): 980 - 993.

[203] T. S. Baines, A. Braganza, J. Kingston, H. Lockett, V. Martinez, P. Michele, H. Wilson. State - of - the - art in product service - systems [J]. IMechE Proc. Part B: Journal of Engineering Manufacture, 2007, 221 (10): 1 - 11.

[204] T. S. Baines, H. W. Lightfoot, O. Benedettini, J. M. Kay. The servitization of manufacturing [J]. Journal of Manufacturing Technology Management, 2009a, 20 (6): 547 - 567.

[205] T. S. Baines, H. W. Lightfoot, J. M. Kay Servitized manufacture: practical challenges of delivering integrated products and services [J]. Proc. IMechE Part B: Journal of Engineering Manufacture, 2009, 223 (9): 1207 - 1215.

[206] T. T. Niranjan, B. A. Metri. Client - vendor - end user triad: a service quality model for IS/ITES outsourcing [J]. Journal of Services Research. Apr - Sep, 2008, 8 (1): 123 - 138.

[207] Tuli, K. R. , Kohli, A. K. and Bharadwaj, S. G. Rethinking customer solutions: from product bundles to relational processes [J]. Journal of Marketing, 2007, 71 (3): 1 - 17.

[208] Tuncdan Baltacioglu, Erhan Ada, Melike D. Kaplan, Oznur Yurt And & Y. Cem Kaplan. A New Framework for Service Supply Chains [J]. The Service Industries Journal, 2007, 27 (2): 105 - 124.

[209] Tuomas Huikkola, Marko Kohtamäki, Rodrigo Rabetino. Resource Realignment in Servitization—A study of successful service providers explores how man-

ufacturers modify their resource bases in transitioning to service – oriented offerings [J]. Research – Technology Management, 2016, 59 (4): 30 – 39.

[210] Turunen, T. and Finne, M. The organisational environment's impact on the servitization of manufacturers [J]. European Management Journal, 2014, 32 (4): 603 – 615.

[211] Valtakoski, A. Explaining servitization failure and deservitization: a knowledge – based perspective [J]. Industrial Marketing Management, 2017, 60 (1): 138 – 150.

[212] Van der Valk, W. and Van Iwaarden, J. Monitoring in service triads consisting of buyers, subcontractors and end customers [J]. Journal of Purchasing and Supply Management, 2011, 17 (3): 198 – 206.

[213] W. Coreynen, P. Matthyssens, W. Van Bockhaven. Boosting servitization through digitization: pathways and dynamic resource configurations for manufacturers [J]. Industry Marketing Management, 2017, 60 (1): 42 – 53.

[214] Wernerfelt, B. A resource - based view of the firm [J]. Strategic Management Journal, 1984, 5 (2): 171 – 180.

[215] Wise, R. and P. Baumgartner. Go downstream: the new profit imperative in manufacturing [J]. Harvard Business Review, 1999, 28 (5): 133 – 141.

[216] Wit, B. De and Meyer, R. Strategy: Process, Content, Context – An International Perspective 4th edition [M]. South – Western Cengage Learning, London, 2010.

[217] W. J. Hannaford. Systems selling: Problems and benefits for buyers and sellers [J]. Industrial Marketing Management, 1976, 5 (2 – 3): 139 – 145.

[218] W. Moore, A. Starr. An intelligent maintenance system for continuous cost – based prioritisation of maintenance activities [J]. Computers in Industry, 2006, 57 (6): 595 – 606.

[219] W. Ulaga, W. J. Reinartz. Hybrid offerings: how manufacturing firms combine goods and services successfully [J]. Journal of Marketing, 2011, 75 (6): 5 – 23.

[220] Wuyts, S., Rindfleisch, A. and Citrin, A. Outsourcing customer support: the role of provide customer focus [J]. Journal of Operations Management, 2015, 35 (5): 40-55.

[221] W. Van Der Valk, F. Wynstra, B. Axelsson. Effective buyer - supplier interaction patterns in ongoing service exchange [J]. International Journal of Operation Production Management, 2009, 29 (8): 807-833.

[222] W. Wilkinson, A. Dainty, A. Neely. Changing times and changing timescales: the servitization of manufacturing [J]. International Journal of Operation Production Management, 2009, 29 (5): 15-25.

[223] Wynstra, F., Spring, M. and Schoenherr, T. Service triads: a research agenda for buyer - supplier - customer triads in business services [J]. Journal of Operations Management, 2015, 35 (1): 1-20.

[224] Y. Park, Y. Geum, H. Lee. Toward integration of products and services: taxonomy and typology [J]. Journal of Engineering Technology Management, 2012, 29 (4): 528-545.

[225] Y. Yin, K. E. Stecke, D. Li. The evolution of production systems from Industry 2.0 through Industry 4.0 [J]. International Journal of Production Research, 2018, 56 (1-2): 1-14.

[226] Yin, R. K. Case Study Research; Design and Methods [M]. Thousand Oaks: Sage Publications, 2009: 3-4.

[227] Zaki, M., Neely, A. Optimising asset management within complex service networks: the role of data [R]. Cambridge Service Alliance Working Paper, 2014: 1-11.

[228] Z. Wei, X. Song, D. Wang. Manufacturing flexibility, business model design, and firm performance [J]. International Journal of Production Economic, 2017, 193 (28): 87-97.

[229] 程东全，顾锋，耿勇．服务型制造中的价值链体系构造及运行机制研究 [J]．管理世界，2011，27 (12)：180-181.

[230] 高觉民，李晓慧．生产性服务业与制造业的互动机理：理论与实

证［J］. 中国工业经济，2011，29（6）：151－160.

［231］顾乃华，毕斗斗，任旺兵．中国转型期生产性服务业发展与制造业竞争力关系研究——基于面板数据的实证分析［J］. 中国工业经济，2006，24（9）：14－21.

［232］郭跃进．论制造业的服务化经营趋势［J］. 中国工业经济，1999，17（3）：64－67.

［233］简兆权，伍卓深．制造业服务化的路径选择研究——基于微笑曲线理论的观点［J］. 科学学与科学技术管理，2011，32（12）：137－143.

［234］蒋楠，赵嵩正，吴楠．服务型制造企业服务提供、知识共创与服务创新绩效［J］. 科研管理，2016，37（6）：57－64.

［235］胡查平，汪涛．制造业服务化战略转型升级：演进路径的理论模型——基于3家本土制造企业的案例研究［J］. 科研管理，2016，37（11）：119－126.

［236］胡查平，汪涛，朱丽娅．制造业服务化绩效的生成逻辑——基于企业能力理论视角［J］. 科研管理，2018，39（5）：129－137.

［237］姜铸，李宁．服务创新、制造业服务化对企业绩效的影响［J］. 科研管理，2015，36（5）：29－37.

［238］李靖华，林莉，闫威涛．制造业服务化的价值共创机制——基于价值网络的探索性案例研究［J］. 科学学与科学技术管理，2017，38（5）：85－100.

［239］蔺雷，吴贵生．新服务开发的内容和过程［J］. 研究与发展管理，2005，27（2）：14－19.

［240］刘斌，王乃嘉．制造业投入服务化与企业出口的二元边际——基于中国微观企业数据的经验研究［J］. 中国工业经济，2016，34（9）：59－74.

［241］刘斌，魏倩，吕越，祝坤福．制造业服务化与价值链升级［J］. 经济研究，2016，62（3）：151－162.

［242］刘继国．制造业服务化带动新型工业化的机理与对策［J］. 经济问题探索，2006，27（6）：120－124.

［243］刘艳．生产性服务进口与高技术制成品出口复杂度——基于跨国

面板数据的实证分析［J］. 产业经济研究，2014，13（4）：84－93.

［244］刘志彪. 全球化背景下中国制造业升级的路径与品牌战略［J］. 财经问题研究，2005，27（5）：25－31.

［245］马盈盈，盛斌. 制造业服务化与出口技术复杂度——基于贸易增加值视角的研究［J］. 产业经济研究，2018，17（4）：1－13.

［246］孙立缘，罗建强，李锦飞. 制造企业服务衍生的价值创造机理研究［J］. 管理学报，2017，14（12）：1840－1846.

［247］孙林岩，李刚，江志斌，郑力，何哲. 21 世纪的先进制造模式——服务型制造［J］. 中国机械工程，2007，35（19）：2307－2312.

［248］王宗水，秦续忠，赵红，张健. 制造业服务化与商业模式创新策略选择［J］. 科学学研究，2018，36（7）：1188－1195.

［249］解季非. 制造企业服务化路径选择研究［J］. 中国管理科学，2018，35（12）：135－145.

［250］许和连，成丽红，孙天阳. 制造业投入服务化对企业出口国内增加值的提升效应——基于中国制造业微观企业的经验研究［J］. 中国工业经济，2017，35（10）：62－80.

［251］许晖，张海军. 产品—服务离散性与动态匹配视角下的制造业企业服务创新能力构建机制研究［J］. 管理学报，2015，12（3）：380－392.

［252］许晖，张海军. 制造业企业服务创新能力构建机制与演化路径研究［J］. 科学学研究，2016，34（2）：298－311.

［253］赵立龙，刘洋，魏江，等. 制造企业服务创新战略与竞争优势获取：机制与权变情境［J］. 科研管理，2017，38（5）：20－29.

［254］赵立龙，魏江. 制造企业服务创新战略与技术能力的匹配——华为案例研究［J］. 科研管理，2015，36（5）：118－126.

［255］中国工业互联网产业联盟. 工业互联网平台白皮书［R］. 北京：中国信息通讯研究院，2017：2－3.

［256］邹国伟，纪祥裕，胡晓丹，等. 服务贸易开放能否带来制造业服务化水平的提升？［J］. 产业经济研究，2018，17（6）：62－74.

后　记

时光倏忽，两年的博士后研究生涯即将结束。在这短短两年时光里，我在科研水平和人生阅历上较以往更进一步，在此，我真诚感谢我的导师芮明杰老师、大师兄余光胜老师和师弟肖勰等同门师兄妹。记得刚来时，芮老师找我和肖勰去搬书，我一进办公室便被眼前的书海所震撼，老师不仅专业学术功底深厚，同时又海纳百川，各种文学、历史、哲学类的人文名著皆有所藏。正是因为治学视野广阔，老师讲到西方的未来学时情有独钟，在博士生课程上，他不止一次讲到未来学对人类生活的预测和深刻影响。同时，作为经济学教授，老师数学出身却独爱质性研究，可见其知识分子的人文关怀底色。他还勉励我们多读经典文献，我对产业经济学了解不深，但他推荐的《全球价值链治理分析框架》一文给我印象深刻，并直接启发了我之后的论文写作。从半年多的旁听课程经历来看，我的直观感受是老师并非静守书斋的传统学人，而是在时代洪流中锐意进取，力求改变社会，真正做到致知格物的现代知识分子，不管是对产业链模块化的洞见，还是对青岛海尔人单合一商业模式的剖析，抑或是对未来个性化定制的推崇，老师所做的学问一直与社会的发展息息相关，这正是我辈必须学习和努力的地方。

我要感谢指点我修改论文的余光胜老师。作为我们同门的大师兄，余老师企业管理咨询经验极为丰富，在浙江调研的项目中，他组织与企业的交流、回来整理资料，直到后来全面汇报工作，他付出极多。余老师是北方人，豪爽、大气，我记得他每次汇报时都是声如洪钟，喝起酒来酣畅淋漓，所谓嬉笑怒骂皆成文章，当他讲起年轻时读过的《平凡的世界》时，声情并茂，我至今难忘。当然，最应该感谢的是，他多次指点我修改论文，每次去办公室请教，他总是不厌其烦地点拨我，让我瞬间豁然开朗，并且少走了很多学术上的误区，能得到这样一位高人的无私指导，我内心荣幸之至。

我还要感谢经常请教的同门师弟肖勰和其他师兄妹。肖勰是学统计出身，数学功底好，对于文章的研究方法有独到见解。我每次遇到各种软件统计上的问题时都会向他请教，他都会耐心一一解答。两年光阴带来太多美好的回忆，粤语说食过返寻味，我想，食客回头除了想寻回当时的大快朵颐外，又何尝没有对主人人情味的念想呢？最后，以一副拙联来结束此文：

飞鸿踏雪，行者路在脚下

老猿挂印，饮水勿忘思源